BLICKPUNKT - Text im Unterricht

BL 503

David Löw/Reiner Poppe

Morton Rhue

Die Welle

Kommentare, Diskussionsaspekte und Anregungen für produktionsorientiertes Lesen in der Sekundarstufe I

Joachim Beyer Verlag - Hollfeld

ISBN 3-88805-503-2

Druck: Druckhaus Beyer GmbH, Langgasse 25, Hollfeld

INHALT

---

* Bereits im Anschluß an die jeweiligen Hauptkapitel findet der Leser sachbezogene Literaturhinweise. Das Kapitel V. enthält zusätzliche weiterführende Angaben.

I. MORTON RHUE ALIAS TODD STRASSER

Morton Rhue (Todd Strasser), geboren 1950, zählt inzwischen zur nicht mehr ganz jungen Generation amerikanischer Schriftsteller, doch ist er ein Mann, der (überwiegend) für die Jugend geschrieben hat. Als Multitalent (-Journalist, Geschäftsmann, Manager, Firmenchef-), das wir als "typisch amerikanisch" einzustufen geneigt sind, mag er nicht eben ein herausragender Schriftsteller sein, ein erfolgreicher ist er allemal. Wie so viele der populären "minor authors" in den USA kommt Strasser vom Journalismus; er hat das Schreiben gelernt, und vor allem hat er gelernt, solche Stoffe aufzugreifen, die für das Publikum interessant sind.[1] Sie effektvoll an den Leser heranzubringen, gehört auch zu seinen Fertigkeiten, über die er als einstiger Werbetexter verfügt. Im Roman "Die Welle" tritt die Handschrift des Journalisten Strasser klar zutage, nicht allein durch das Vorhandensein einer Schülerzeitung, auf deren Funktion innerhalb des Romans an anderer Stelle noch eingegangen wird, sondern im gesamten sachlich-raffenden und auf kritische Information hin angelegten Duktus seines Schreibens. Die von Strasser in seinen Büchern transportierten Themen und Probleme spiegeln Fragen und Nöte der Jugend: Alkohol, Drogen, Liebe und Sexualität. Trotz der hochgeschätzten Bücher wie "Angel Dust Blues" (1979), "Friends Till the End" (1982) oder "A Very Touchy Subject" (1985) wurde der unter dem Pseudonym Morton Rhue veröffentlichte Roman "The Wave" (1981) zu seinem größten Erfolg. Er hat auch bei uns eine sensationell große Lesergemeinde gefunden (deutsche Erstausgabe 1984, Ravensburg) und wurde rasch zu einer der beliebtesten modernen Schullektüren.

Das Zustandekommen dieses Buches war juristisch relativ verzwickt, denn Morton Rhue übernahm das Thema aus einer Kurzgeschichte "The Third Wave" von Ron Jones, dem Lehrer, der die Erfahrungen in seiner eigenen Schule einige Jahre zuvor selbst gemacht und niedergeschrieben hatte. Die Kurzgeschichte war zu einem einstündigen Fernsehspiel umgearbeitet und erfolgreich produziert worden, ehe Morton Rhue sie für seinen Roman adaptierte. Zweifellos sorgten die Kurzgeschichte, das TV-Spiel und nun der Roman für lebendigste Anteilnahme der Öffentlichkeit an diesem, gerade in den USA immer wieder hochinteressanten Sachverhalt. Weder R. Jones noch T. Strasser hatten dies zu bereuen; Produzenten und Verlage ebenfalls

---

1) "Minor authors" sind in den USA keineswegs zu vernachlässigende Autoren; zu den "great minor authors" zählt interessanterweise der Nobelpreisträger John Steinbeck. - Nur solche Autoren, die gültigste Beiträge zur Weltliteratur haben, sind "great authors".

nicht, zumal die Geschichte - ursprünglich nur für den Bereich "Jugendliteratur" gedacht - durchaus auch für Erwachsene einen "tie-in appeal" besaß.[2]

Ron Jones und Tod Strasser wären sicherlich auch ohne ihre Versionen der "Welle" als Jugendbuch-Autoren erfolgreich geworden; diese Vermutung läßt sich aufrechterhalten, da beide in ihren Büchern immer wieder das zentrale Nervensystem von Jugend und Gesellschaft trafen. -
Tod Strasser's Romanfassung wurde Gegenstand intensivster Würdigungen in vielen Magazinen und Fachzeitschriften, zumeist war die Resonanz entgegenkommend und positiv.
So finden sich im 'Book Review Digest' des Jahres 1982 zwei Stimmen, die repräsentativ sind für die Gesamteinschätzung von M. Rhue's Roman "Die Welle". Aus ihnen zitieren wir ausschnitthaft: [3]

"... Adequately written, this has good if not profound characterization and an interesting if not always credibly developed plot."

"... The book is extremely well written considerung it was taken from a screen play. Although "Wave" would be best handled in a situation where it could be discussed, it will also appeal to individual pleasure readers." -

Ob ein Klassenraum immer der geeignete Ort für ergiebige Diskussionen zu einem Buchthema ist, soll hier nicht beleuchtet werden. Wir gehen davon aus, daß in diskussionsfreudigen und - geübten Klassen die in Rhue's Roman angesprochenen Probleme intensiv aufgearbeitet werden können. Literarische Rezeption ist nun einmal - zumindest im Unterricht - stets mit einem Austausch von Ansichten und Erfahrungen verknüpft, und dazu gibt "Die Welle" ausgezeichnete Anstöße. Dies kann sowohl der Englisch - als auch der Deutschunterricht nutzen.

< Literatur 1 >

Book Review Digest 1982

Peter Bruck — The Wave. Teacher's Guide. Stuttgart - Düsseldorf - Berlin - Leipzig 1994
Diese schmale, aber gehaltvolle Aufbereitung des Romans für die Hand des Lehrers ist ebenso schül-

2) vgl. Patricia Holt. Tie of Two Tie-Ins. Publisher´s Weekly (4. Sept.) 1981, S. 36
3) vgl. Book Review Digest 1982, S. 1122.

	Romans für die Hand des Lehrers ist ebenso schülergerecht angelegt (mit Ausnahme der Kapitel 1-3). Leider kann dieser sie nicht bestellen.
Patricia Holt	Tale of Two Tie-Ins: California's Island Press and Dell Have Different Ways of Relating to TV - Movie "The Wave". Publisher's Weekly, 4. Sept. 1981
Senior Scholastic	Vol. 114/2, 18. Sept. 1981. "The Wave".

II. JOURNALISMUS UND LITERATUR IN DEN USA

In den Entstehungs- und Begleitumständen des Romans "Die Welle" zeigt sich so viel Typisches zum Verhältnis Autor- Medien in den USA und im Schreiben der Ron Jones und Morton Rhue / Todd Strasser ebenso, so daß wir einleitend einen bemerkenswerten Seitenweg ableuchten möchten, über die Themen- und Problemdarstellung des Romans hinaus: wie vertragen sich Journalismus und Literatur in den USA. An zwei Fakten sei im Zusammenhang mit dem Roman noch einmal erinnert: Die TV-Fassung zählt zu den "docudramas", also zu der Art von Fernsehspielen, denen recherchierte Sachverhalte zugrundeliegen (sie kommen auch hierzulande mehr und mehr in Mode), und Rhue Morton / Todd Strasser ist gelernter Journalist.

Zur Rolle der Medien in den USA

Der amerikanische Durchschnittsbürger ist heutzutage - eher passiv - rund um die Uhr auf (Kommunikations-) Medien fixiert; sie sind Teil seines Lebens, selbstverständlicher Begleiter seines Alltags: das Radio, eine Fülle an Zeitungen und Magazinen, das Fernsehen, das Buch. Den Konsum bereitgestellter Medien empfindet der Amerikaner als normal, ihr Vorhandensein als ein originäres Moment seiner Kultur und Tradition. Die Medien sind für den Bürger da, und er bedient sich ihrer. Das verbriefte Recht des Amerikaners, über alles informiert zu sein, ist mehr als 200 Jahre alt und bestimmt sein Verständnis von Meinung und Öffentlichkeit. Diese uneingeschränkte Erwartung macht(e) es möglich, daß auf der anderen Seite eine große Gefahr wächst: die Manipulation der Öffentlichkeit durch die Medien; das Ausgeliefertsein der Bürger an die Medien. - Ein kurzer Blick zurück: Zeitungen und Magazine standen am Anfang der Entwicklung der amerikanischen Kommunikations-Medien. In den frühen Jahren eines sich entfaltenden Zeitungswesens war die mündliche Nachricht für viele die einzige authentische Informationsquelle, denn nicht jeder konnte lesen, und nicht überall in dem riesigen Kontinent konnten die Menschen durch verschriftete Drucktechnik rasch genung erreicht werden. Erst mit den Massenproduktionen und steigender Nachfrage schaffte die 'Zeitung' als beherrschendes Medium in den USA den Durchbruch und formte sich zu einem Instrument der unabhängigen Meinungsbildung. Klangvolle Namen säumen die Strecke von den Anfängen (Boston News-letter; New York Weekly Journal; New York Sun; St. Louis Post-Dispatch; New York Times) bis zur Gegenwart.

Mit Joseph Pulitzer (1847-1911) und Randolph Hearst (1863-1951) beherrschten zwei sehr gegensätzliche Zeitungsmänner durch ihre gewaltigen Imperien einhundert Jahre lang das lesende Amerika; seriös und anspruchsvoll der erste; sensationsheischend, regenbogenbunt und brandaktuell der andere. Als 1896 die New York Times erschien, begann eine neue Ära des Zeitungswesens in den USA: aktuelle, gewissenhaft recherchierte Nachricht; niveauhaltige Aufbereitung; internationale Reichweite. Sie wurde zum Maßstab als verläßliche Zeitung für Millionen. Heute ist sie eher ein elitäres Blatt, zurückgedrängt von oberflächlicherer Tagespresse. Dennoch: die Zeitung ist ein bedeutendes Stück amerikanischer Kulturgeschichte (geblieben) und von den Zeiten Thomas Paine's (1737-1809) bis zur Gegenwart nicht wegzudenken aus dem Alltag der USA. Eine gewaltige Zahl großer Schriftsteller kam vom journalistischen Schreiben, und auch wenn heute das Fernsehen als Hauptinformationsquelle gilt, so bleibt die Zeitung unentbehrlich, wenn es gilt, gegenüber der flüchtigen Aktualität Fakten nachzugraben und über den Tag hinaus weiterzuverfolgen.-

Eine für die USA typische Ergänzung der 'Zeitung' stell(t)en die magazines dar, in größeren Zeitabständen erscheinende 'Illustrierte' mit einer großen Reichweite und einem breiten, konsumgerecht aufbereiteten Spektrum an Themen (Atlantic Monthly; Harper´s; Saturday Evening Post). Sie hatten eine andere Zielgruppe im Auge, sie boten von allem etwas, waren gut aufgemacht und nicht unkritisch.
Für angehende Schriftsteller waren und sind sie geradezu Tummelplätze auf dem Wege zu größerer Popularität (gewesen). Auch Ron Jones' Kurzgeschichte "The Third Wave" wurde zunächst in verschiedenen *magazines* veröffentlicht, ehe andere Medien (TV) auf ihn aufmerksam wurden. -

Die stärkste Macht über Information und Meinungsbildung in den USA besitzt das Fernsehen, das nach dem Zweiten Weltkrieg beherrschendes Medium wurde (CBS; NBC, ABC). Der Medien-Verbund, die Vernetzung der

Medien im Computer-Zeitalter hat die Rolle der Zeitung und des Buches (noch einmal) erheblich verändert, damit auch die Situation der für sie Schreibenden und Produzierenden. Das Bewußtsein der Öffentlichkeit ist sensibler geworden im Hinblick auf Gediegenheit und Seriösität von Information und kritischer Berichterstattung, einerlei durch welches Publikationsorgan. Längst nicht alles ist journalistisch möglich im Land der unbegrenzten Möglichkeiten.

An dieser Stelle soll es nun um den Autor gehen, der sich der Sprache und der verschiedenen Hilfsorgane (Presse, Buch, TV) bedient, um seine Botschaft öffentlich zu machen, um 'Journalismus und Literatur', zwischen denen in den USA traditionell ein sehr enges Verhältnis besteht. Journalistisches spielt in Rhue's Roman "The Wave" eine zentrale Rolle, und der Autor stellt eine der Hauptpersonen, Laurie Saunders, Reporterin der Schülerzeitung "Grapevine", in den Mittelpunkt dieses Problemfeldes. Ihr und dem Leser stellt sich die Frage, in welchem Umfang sie ihr 'Medium' nutzen kann, um den bedrohlichen Auswüchsen einer totalitären Bewegung entgegenzutreten.
An ihrer Person macht Morton Rhue klar, welche Gefahr und welche Verantwortung derjenige auf sich nimmt, der mit dem geschriebenen Wort aufklären will.

Schreiben für die Öffentlichkeit [4)]

Zu einer Zeit, als sich die "Bewegung" negativ zu verändern beginnt, beschließt Laurie Saunders, dies öffentlich zu machen - aufzuklären, zu warnen, anzuklagen. Sie macht sich damit zur Aufgabe, für das hohe Ethos des amerikanischen Journalismus - (ohne sich darüber Rechenschaft abzugeben) - einzutreten: selbstloser Einsatz im Dienste der Wahrheitsübermittlung an die Öffentlichkeit.

Gegenüber der Zentralthematik des Romans gerät Laurie´s Rolle leicht in den Hintergrund jeder Betrachtung, auch die Tatsache, daß die Redaktion des "Grapevine" ein immer wiederkehrender Schauplatz im Romangeschehen ist (vgl. III,5). Wir möchten diese 'historische' Rückbesinnung aus zwei Gründen einflechten: 1> um eine Traditionslinie anzudeuten, in der Autoren

---

4) Diesem Teilkapitel liegen im wesentlichen Daten und Fakten der amerikanischen Literaturgeschichte zugrunde, wie sie jedem Leser zugänglich sind. Darüber hinaus wird auf die im Anschluß angegebene Literatur zurückgegriffen (Literatur 2).

wie Jones oder Strasser stehen; 2> um eine weitere Perspektive für die Romanbetrachtung zu öffnen.

Seit ihren Anfängen hat die amerikanische Literatur einen erheblichen Wandel erfahren; d. h. sie gewann erst allmählich ihren Rang, "Weltliteratur" bereitzuhalten. Ihre Besonderheit hat sie indessen bewahrt: Journalismus und Literatur als einander ergänzende und befruchtende Teilbereiche miteinander in Einklang zu bringen, ohne auf eine nur akademisch begründbare Trennung, wie sie bei uns üblich ist, ernsthaft Rücksicht zu nehmen.

Wenn es darum geht, die historische Dimension sichtbar zu machen und jüngere Tendenzen der Feldüberschreitung von "Journalismus" und "Literatur" zu definieren, dann geraten wir an eine wenig aufregende Ausgangssituation: die Zahl amerikanischer Schriftsteller, die als Journalisten/Reporter tätig waren, ist Legion. Die Kette reicht von Thomas Paine bis zu Mark Twain, von Ernest Hemingway bis Norman Mailer, von Carl Sandburg bis Kurt Vonnegut. Selbst mit Begriffen wie "New Journalism" oder "Parajournalism" kommen wir nicht weiter, wenn wir von diesen älteren Autoren, die "Geschichte" sind, jüngere abgrenzen wollen, die erst noch "Geschichte(n) schreiben, von denen Tom Wolfe und Hunter S. Thompson wenigstens genannt werden sollen. Will man der Richtung des "New Journalism"(- der neueste Schrei in den 60er und frühen siebziger Jahren, also in unmittelbarer zeitlicher Nähe zu Jones' und Strasser's Erzählungen -) etwas Eigenes, Weiterführendes zuschreiben, so mag es die intensivere Art der Gegenstandserforschung sein, die direkte und persönliche Interview - Führung, das authentische, dataillierte Ergründen und Wiedergeben der jeweiligen "Szene", einerlei ob es sich dabei um Hinterhof, Straße, Schule oder Drogenstrich handelt(e). Hierin ging der "New Journalism" sicherlich weiter als die früheren Autoren. An zwei Beispielen möchten wir das konkreter zeigen, an <u>Ernest Hemingway's</u> "Depeschen" und an <u>Alex Kotlowitz´</u> "Kinder gibt es hier nicht mehr".

Ernest Hemingway (1899-1961) gilt nicht nur als Neuerer der amerikanischen Literatur; vielerorts wird ihm der Rang eines der besten Berichterstatter zugesprochen, den Amerika (bis dahin) hatte.
Sein Schreiben war unverwechselbar "hemingway-isch", und gerade bei ihm waren die Grenzen zwischen Literatur und Journalismus fließend.

Ernest Hemingway's "49 Depeschen" stammen aus einem Zeitraum von nahezu 40 Jahren. Sie geben damit einen Querschnitt durch sein umfangreiches journalistisches Schaffen wieder. Zugleich stehen sie beispielhaft für die vollendete Kunst der Verbindung von “fiktionalem” und “nicht-fiktionalem” Schreiben ein. Die “49 Depeschen” erfassen Zeitgeschichtliches - das Europa nach dem 1. Weltkrieg, Erinnerungen und Reflexionen des Autors an ihn im Abstand von 10 Jahren, den “Spanischen Bürgerkrieg”, den zweiten Weltkrieg und wiederum in einigem zeitlichen Abstand Privates und Öffentliches aus der Zeit danach. Ein Fachmann auf vielen Gebieten berichtete und zog meisterliche Bilanz. Hemingway’s Verschmelzung von “facts” und “fiction”, seine besondere Art des atmoshärischen Verdichtens von nur scheinbar belanglosem Drumherum machte diese Reportagen zu Literatur im Sinne sprachlicher Kunstwerke: “Pamplona im Juli” - “Blaues Meer” - “Bomben auf Tortosa” - “Reise in den Sieg”, um nur einzelne der “Depeschen” anzusprechen. Vieles davon wurde später in größeren Werken wieder aufgegriffen, mit denen Hemingway seinen Beitrag zur Weltliteratur leistete: “The Sun Also Rises” - “For Whom the Bell Tolls” - “The Old Man and the Sea”. Dennoch waren die “Depeschen” keine Fingerübungen.

Hemingway setzte sich häufig ironisch und selbstkritisch von seinem ”Journalismus” ab. Er hatte jedoch nichts dagegen, die 50. Depesche, die in der Anthologie nicht enthalten ist, als eine seiner besten Kurzgeschichten “Old Man at the Bridge” in den Erzählband “49 Stories” aufnehmen zu lassen. Diese Kurzgeschichte aus dem Spanischen Bürgerkrieg geht auf eine Depesche vom 3. April 1938 zurück, die Ernest Hemingway unter dem Titel “The Flight of the Refugees” aus Barcelona in die USA kabelte. Sie zeigt besonders eindringlich seine Kunst, die Dinge genau zu beobachten, jedes Deteil unterschiedlos zu gewichten, das karg und nüchtern Dargestellte um einen intensiv reflektorischen Unterton zu bereichern. -

Von Mark Twain zu Ernest Hemingway war es ein kleiner, dennoch bedeutender Schritt, der die amerikanische Literatur im Schnittfeld von “Literatur und Journalismus” prägte. Von hier zu den ‘modernen’ Autoren, einem Capote, Caputo, Heller, Lash, Mailer, Roth, Updike oder Wolfe, die dieses Feld erweiterten, war der Schritt größer, und es entstand eine neue Literaturrichtung zwischen “fiction” und “non-fiction”, die als (der bereits weiter oben erwähnte) “New Journalism” etikettiert wurde.

Die 60er Jahre gelten gemeinhin als die Zeit, in der sich das Bewußtsein der amerikanischen Gesellschaft, in ihr das der Schriftsteller und Medien, drastisch veränderte. Da war J. F. Kennedy. da war Vietnam, da waren die “Blumenkinder”, da war -nur wenig später - “Watergate”. Die traditionellen Vorstellungen und der Glaube in den Sinn von Geschichte waren erschüttert; Schriftsteller begannen intensiver nachzufragen, infragezustellen (vgl. Paul Levine in: Länderbericht USA Band II, S. 653-675), hinter der Oberfläche der auffindbaren Wirklichkeit zu recherchieren, sie minutiös mit den Mitteln des Journalisten und des Schriftstellers abzubilden. Der Schriftsteller war Journalist, der Journalist Schriftsteller. Truman Capote's "In Cold Blood" (1965), Norman Mailer's "The Armies of the Night" (1968) oder Kurt Vonnegut's "Slaughterhouse Five" (1969) waren die Bücher, in denen sich die bewußte Abkehr von traditionellen Ausdrucksformen der Prosa eindrucksvoll widerspiegelte, die Suche nach dem neuen Stil zwischen Literatur und Journalismus, der "non-fictional novel".

Alex Kotlowitz' Buch aus unseren Tagen "There Are No Children Here" (1991) dient hier als ergänzendes Beispiel für die Weiterentwicklung eines 'trends', dem längst nichts Modisches mehr anhaftet.

Zwei Brüder, Kinder noch, aus einer Chikagoer Slum-Gegend sind die Hauptpersonen in A. Kotlowitz' Reportage. Der Autor tauchte tief ein in das Gettoleben, wurde Zeuge des Elends und der Gewalt, erfuhr wieder und wieder die scharfe Trennungslinie, die es zwischen "scharz" und "weiß" gab und gibt. Sein aufwühlendes und zugleich sehr tröstliches Buch entstand aus der hautnahen Berührung mit den Menschen und ihrem Alltag, ihren Ängsten und Entbehrungen, Hoffnungen und Bruchstücken des persönlichen Glücks. Es ist gekennzeichnet durch höchste Faktizität, wie sie nur ein um Wahrheit bemühter und gekonnter "investigative journalism" zustandebringen kann. Kotlowitz hat die beiden Jungen über einen Zeitraum von zwei Jahren begleitet. Er befragte Bewohner, Mitglieder und ehemalige Mitglieder der Straßengangs, maßgebliche Leute in Ämtern und Behörden, vertiefte sich in das Schrifttum zum historischen Hintergrund der Getto-Siedlung, studierte Gerichtsakten und wertete sie aus. Für seine Reportage, die im anerkannten "Wall Street Journal" veröffentlicht wurde, erhielt er 1988 den 'Robert F. Kennedy Award'. Kotlowitz unterstützte mit dem finanziellen Gewinn durch Reportage und Buch die Familie, deren Leben mit seinem eigenen zusammengewachsen war. -

Kotlowitz' Buch lebt auch von seiner sprachlichen Intensität, die aus der Sache selbst kommt. Dies ist journalistisch-literarische Arbeit, die bei den Besten der Zunft (Hemingway!) ansetzt, in ihrer Dimension und Zielrichtung die Tradition jedoch überwindet.

In der Tat wäre eine Entwicklung der amerikanischen Literatur ohne das rücksichtslose und engagierte Eintreten von Journalisten für die Wahrheit, ohne ihre aufklärerische Arbeit und außerordentliche Vermittlungsleistung, von der weitergehenden Grenzaufhebung von "Journalimus und Literatur" undenkbar geblieben. Die nicht-fiktionale Literatur steht in den USA gleichberechtigt neben der fiktionalen und ist über jede zweifelnde Frage, ihre grundsätzliche Wertschätzung betreffend, längst erhaben.

Der Anriß dieses Feldes, das bei vertiefter Betrachtung weit in literarhistorische und literar-ästhetische Zusammenhänge führen würde, kann und soll im Hinblick auf die Lektüre von Morton Rhue's "The Wave" nur aufmerksam machen, daß dem Kernproblem ("Faschismus - Anfälligkeit") andere verfolgenswerte Sachaspekte unterlegt sein mögen, die der Leser für sich entdecken kann. Morton Rhue (Todd Strasser) war nun einmal Journalist, und als solcher ist er in dem Roman auch zu erkennen. - Ich fasse "für den Hinterkopf" noch einmal zusammen:

- Journalismus und Literatur haben in den USA eine gemeinsame, untrennbare Geschichte;
- die Bedeutung der Medien in den USA begünstig(t)en den Journalisten als Schriftsteller und den Schriftsteller als Journalisten;
- in mehreren Entwicklungsschüben zeichneten sich Schritte zu einer 'neuen Literaturform', der anspruchsvollen "non-fictional prose" ab;
- die "sechziger Jahre" gelten als Wendepunkt der in der amerikanischen Literatur, in der sich der "New Journalism" etabliert, der Literaturelemente mit den Qualitäten journalistischer Arbeit verknüpft;
- Morton Rhue's Bücher, für junge Menschen geschrieben, sind in diesem Sinne an der Situation und Zeit orientiert;
- als Journalist sind ihm die Arbeitsweisen vertraut; in seinem Roman "The Wave" projiziert er eine auffindbare Wirklichkeit in fiktive Handlungsräume.

Im Kapitel 5 der Betrachtungen greife ich diesen Zusammenhang noch einmal auf.

< Literatur 2 >

Ernest Hemingway	49 Depeschen. Reportagen 1920-1956. Hamburg 1975
John Hersey	Hiroshima. New York 1989
Alex Kotlowitz	There are No Children Here. The Story of Two Boys Growing Up in the Other America. New York 1991
Norman Mailer	Reklame für mich selber. Frankfurt a. M. - Berlin 1986
William Styron	Darkness Visible. New York 1990
Richard Chase	The American Novels and Its Traditions. Baltimore 1980
Peter Freese	Die amerikanische Short Story der Gegenwart. Berlin 1976
Gerhard Hoffmann	Der zeitgenössische amerikanische Roman. 2 Bde. München 1988
Frederick R. Karl	American Fictions: 1940-1980. New York 1983
Wolfgang Karrer/ Eberhard Kreutzer	Daten der englischen und amerikanischen Literatur von 1890 bis zur Gegenwart. München 1973
Tony Tanner	City of Words. American Fiction 1950-1970. London 1971
John Hollowell	The New Journalism and the Nonfictional Novel. Chapel Hill 1977
Michael L. Johnson	The New Journalism. Kansas University Press 1971
Alfred Kazin	The World as a Novel: From Capote to Mailer. The New York Review of Bosks, April 8, 1971
Donald Pizer	Documentary Narrative as Art: William Manchester and Truman Capote. Journal of Modern Literature, September 1971. Repr. in: R. W. (ed.): As Artist
Ronald Weber (ed.)	As Artist: A Look at The New Journalism Controversy. New York 1974

III. - “ D I E W E L L E “ -
Aspekte der Betrachtung

Unseren Betrachtungen liegt die deutsche Taschenbuch-Ausgabe des O. Maier Verlags/Ravensburg (RTB 4034) zugrunde. Die Übersetzung besorgte der (bekannte) Schriftsteller Hans-Georg Noack, von dessen Büchern die meisten Jugendlichen zumindest “Rolltreppe abwärts” gelesen haben dürften. Die amerikanische Fassung (“The Wave”, New York 1981) wird von uns nicht als bekannt vorausgesetzt. Wir gehen davon aus, daß dieser Roman ebenso im Deutschunterricht oder in fachübergreifenden Lerneinheiten seine Berechtigung hat und gerade in fremdsprachlich weniger versierten Klassen einen wertvollen ‘Rohstoff’ darstellt, der dort ergiebiger auf Deutsch diskutiert werden kann.

Wir stellen insgesamt **5 Aspekte zur Betrachtung** heraus, die wir mit **Materialien** stützen. Diese Materialien dienen auch der erweiterten und vertiefenden schulischen oder häuslichen Arbeit. Die Aspekte werden nicht extensiv behandelt, sondern eher gedanklich ‘auf den Weg gebracht’. Einzelne *Diskussionspunkte* werden dabei angestoßen. Eine Folge von mündlichen oder schriftlich auszuführenden Aufgaben ist mit den Materialeinschüben verknüpft.

Das Schlußkapitel enthält eine große Anzahl an textgebundenen, eine geringere an mehr sachgebundenen Aufgabenstellungen, die im Sinne **schöpferischer, produktionsorientierter Verarbeitung der Leseeindrücke** vorgegeben werden.

Unser Ziel ist es, das interpretierende Lesen dieses sprachlich und formal schlichten Romans zu fördern, dabei die Aufmerksamkeit des Rezipienten auf komplexere Zusammenhänge im Umfeld des Romans zu lenken.

A. Handlungsskizze - Problemskizze

Der Geschichtslehrer einer amerikanischen High School will in einem Experiment demonstrieren, wie es im Nazi - Deutschland möglich war, daß Millionen von Menschen nahezu blindlings Hitler folgten und seine Opfer wurden. Das Experiment löst eine “Bewegung” aus, die sich auf fatale Weise verselbständigt und das Gegenteil des Beabsichtigten bewirkt. Nur mit Mühe kann der Unterrichtende das Vorhaben wieder versachlichen, jedoch nicht ohne teilweise weitreichende Folgen für alle Beteiligten.

Die Handlung des Romans entwickelt sich über 17 Kapitel (vgl. IV, Schaubild 1). Eine Nachbemerkung enthält einen Interview-Auszug, das mit dem Lehrer der High School geführt worden ist, der das Experiment, das von Morton Rhue romanhaft verarbeitet wurde, realiter durchgeführt hat. Der Untertitel des Romans, "Bericht über einen Unterrichtsversuch, der zu weit ging", weist auf die sachliche Intention des Verfassers hin. Unter einem "Bericht" wird eine Mitteilungsform verstanden, die eine sachgeleitete und konzentrierte Wiedergabe von Vorgängen/Abläufen anstrebt.[5)] Zugleich ist der Untertitel "abschließend wertend" und deutet damit auf einen einmaligen und zurückliegenden Vorgang hin.

In seinem Roman hält sich Morton Rhue eng an die zentralen Vorgänge des "Experiments" und verliert sich nur selten in atmosphärisch ausschmückenden Details. Er folgt den Entwicklungen aus dem Experiment "chronologisch" ohne zeitliche Sprünge, Rück- oder Vorausblenden. Die Handlung erstreckt sich über ca. eine Woche; logischerweise spielen sich die Vorgänge überwiegend in der Schule oder im schulischen Umfeld ab. Die Anzahl der handelnden Personen ist begrenzt. Nur wenige Personen treten markant aus der Masse (Schüler, Eltern, Lehrer) heraus und bilden einerseits kontrastierende, andererseits kongruente Personengruppen bzw. werden als Individuen zur Geltung gebracht (vgl. IV, Schaubild 2).

Im folgenden gehen wir knapp auf den Inhalt der einzelnen Kapitel ein. Wir ordnen unsere Ausführungen einem "Raster" zu und beschränken uns auf weitgehend stichwortartige Angaben zu den <u>handelnden Hauptpersonen</u> - <u>Handlungsorten</u> - <u>Vorgängen</u>. Die an den Rand gesetzten Klammern deuten die kapitelüberschreitenden Entwicklungsschübe des Experiments an.

---

5) Der Bericht wird nach J.Lehmann/K.Stocker (1981) zu den "referierend-darstellenden" Sprachzeichen/ Texten gerechnet.

KAP.	PERSONEN/ORT	VORGÄNGE
1	"Gordon High"; Redaktionsbüro der Schülerzeitung "Ente"	Laurie bringt ihre Freundin Amy durch Grimassen - schneiden zum Lachen (!);
	Fachraum für Geschichte	Gedanken zum Unterricht, Unlust;
	(Laurie; Amy; Lehrer Ben Ross; Robert; David, Brian - beide "football-stars")	scherzhaft geäußerte Rivalitäten; Hinweise des Geschichtslehrers, wie besser und ordentlicher gearbeitet werden kann
2	Fachraum für Geschichte < Klasse >	Film über Nazi - KZ; Erläuterungen dazu; auf einen Teil der Schüler große Wirkung: Laurie geschockt; David tut "Cool"; Robert schläft; später Ermahnung von Mr. Ross an Robert, sich im Unterricht mehr zu bemühen
3	Caféteria; später Redaktionsbüro "Ente"; < Laurie, Amy, David und Brian; zwei weitere Mitarbeiter der Schülerzeitung, Alex und Carl >	Laurie kann nichts essen; Scherze von ihren Freunden; Laurie ist mit ihren Gedanken beim Film; die beiden Mädchen unterhalten sich über David und Brian
4	Wohnung von Ben Ross und seiner Frau	Ben bereitet den nächsten Unterrichtstag vor; seine Frau war mit einer Freundin

Laurie´s Außenseiterrolle Ausgangspunkt des Experiments

		unterwegs; kurze Andeutung der Probleme, die Ben beschäftigen
5	Fachraum für Gesch.; Flur nach dem Unterricht; Schultoilette; bei Ben / Christy < Ben; Klasse, insbesondere: Brian, David, Eric, Brad, Robert und Amy; Ben und Christy >	Einführung des 1. Wahlspruchs: MACHT DURCH DISZIPLIN; lebhafte Aufmerksamkeit der Klasse; interessant erscheinender Unterricht; Schüler bewerten das Geschehen sehr unterschiedlich David ist beeindruckt von der "Macht", die der Lehrer plötzlich entwickelt, und wünscht sich, daß sein Team auch zu einer ähnlichen Einheit geführt werden kann; Robert "nimmt Haltung an ";
	Unterhaltung Ben/Christy über die Stunde; Ben solle den Reaktionen der Klasse auf seinen Versuch weniger Bedeutung zumessen; Ben denkt sich in die Zusammenhänge hinein von Macht und Disziplin auf der einen, von ihrer Akzeptanz und der bereitwilligen Unterwerfung der Menschen auf der anderen Seite	
6	Klassenraum; Turnhalle der Schule < Ben; Klasse, insbesondere Robert, David und Eric >	Einführung des 2. Wahlspruchs: MACHT DURCH DISZIPLIN UND MACHT DURCH GEMEINSCHAFT; Skepsis bei Laurie; David erzählt seinem Team von der "Welle" und der "Bewegung", von der alle erfaßt sind
7	zu Hause bei Laurie;	Argwohn und Mißtrauen bei Laurie's Mutter gegenüber dem schulischen Experiment

Illusionierung

		("Manipulation"); Anerkennung durch den Vater ("Pioniergeist");
	zu Hause bei Ben und Christy; < Laurie; Eltern; Ben und seine Frau >	Ben ist ganz in den Stoff für den nächsten Tag vertieft; er hat nicht einmal das Abendbrot vorbereitet
8	auf dem Weg zur Schule; Klassenraum; Caféteria < Ben; Klasse; David und Laurie>	David und Laurie nahe an einem Disput; Poster mit "blauer Welle"; Ben Ross strenger gekleidet; gelbe, markierte "Helfer - Kärtchen"; kritische Distanz einzelner Schüler (Laurie). Einführung des 3. Wahlspruchs durch Ben Ross: MACHT DURCH DISZIPLIN - MACHT DURCH GEMEINSCHAFT - MACHT DURCH HANDELN; Appell des Unterrichtenden, neue Mitglieder für die "Bewegung zu werben; ihre Regeln müssen befolgt werden; Laurie stellt alles in Frage; David hingegen fühlt sich bestätigt

9 Gedanken Ben Ross' zur "Bewegung":

a) Immer mehr Schülerinnen und Schüler möchten am Geschichtskurs zum Thema "Nationalsozialismus" teilnehmen;

b) die Klasse schreitet im Stoff erkennbar schneller voran;

c) die Klasse bereitet sich gründlicher vor und erledigt sogar die Hausaufgaben;

Schubkraft des Experiments

d) die “Bewegung” hat auch das “football-team” angespornt und den demotivierten Coach, Norm Schiller, positiv gestimmt;

e) die Schüler selbst bekennen, daß der “strengere” Unterricht ihnen gut tut.

Ben Ross ist so angetan von dieser Entwicklung, daß er der Öffentlichkeit darüber gern in einem Zeitungsartikel berichten möchte.

	Redaktionsbüro abends zu Hause bei Laurie < Ben; Laurie und ihre Mutter >	Laurie bemüht sich (wieder einmal vergeblich) um Beiträge für die Schülerzeitung; keiner ist vorbereitet; plötzliche Idee, über die “Welle” zu berichten; Wieder äußert Laurie’s Mutter Besorgnis und Kritik an dem Geschichtsunterricht (“Kult”, “eine Art Wiedergeburt”, “Indoktrination”); Laurie wehrt ab; sie wundert sich aber doch über die ernste Anteilnahme anderer und auch darüber, wie sehr sie sich selbst mit der “Bewegung” beschäftigt
10	Lehrerzimmer; Büro des Direktors < Ben; Mr. Owens >	Auf dem Weg “Welle-Gruß” von den Schülern; aufgeräumter Schulleiter, dennoch weist er Ben Ross auf Elternbeschwerden und seine eigenen Bedenken hin; Ben Ross betont, daß er wegen des “Führerprinzips” das Experiment jederzeit im Griff habe

11	Redaktionsbüro; Schule < Ben; Brad, Eric und Robert >	Laurie findet einen anonymen Zeitungsbericht über eine sehr unangenehme Erfahrung eines Unterstufenschülers, der massiv aufgefordert worden war, sich der “Bewegung” anzuschließen; draußen verteilen Brad und Eric Flugblätter mit den Wahlsprüchen der “Welle”; Befehle werden in Ben Ross' Namen erteilt und ausgeführt; Robert bietet sich an, “Leibwächter” zu sein; Ben geht darauf ein	Verselbstständigung des Experiments
12	Schulflur; später Redaktionsbüro und zu Hause bei Laurie < Laurie; Mitschüler; David; Axel und Carl; Laurie's Vater >	Laurie's Zweifel und ablehnende Haltung gegenüber der “Bewegung” werden bestärkt, als sie Zeuge einer Prügelei wird (Brian/Mitschüler, der unter Druck gesetzt wird); Laurie beschließt, nicht zur Versammlung zu gehen; Aufruf Laurie's zu einer Gegenbewegung, der sich die Zeitungsmitarbeiter Axel und Carl anschließen; Laurie ist mit ihren Gedanken bei David; Mitteilung des Vaters, daß eine Elternabordnung zu Direktor Owens gehen will, dem man die weitverbreiteten Sorgen über die negativen Begleiterscheinungen der “Bewegung” vortragen will	Laurie's Versuch des Dagegenhandelns

13	Stadion; zu Hause bei Laurie ("Sondersitzung"); < Laurie; Brad; Schüler; Carl und Alex >	Brad will Laurie den Zutritt zur Tribüne verweigern; läßt sie nach einem Disput passieren, Bedrohung; Die versammelten Redakteure der Schülerzeitung sind entschlossen, die Gefahr, die von der "Bewegung" ausgeht, öffentlich zu machen
14	Schulbibliothek; Lehrerzimmer; Pausenhof < Laurie, Amy; Ben; David, Robert, Brian, Eric >	Entzweiung Laurie / Amy; kritische Worte einzelner Kollegen gegen Ben's "Bewegung"; Erkenntnisprozeß bei Ben setzt ein; Beschluß von Maßnahmen gegen Laurie, die nach Ansicht Robert's eine "Bedrohung" für die "Bewegung" ist
15	Christy redet Klartext mit ihrem Mann über die "Welle", die nicht nur außer Kontrolle geraten sei, sondern seine Glaubwürdigkeit als Mensch und ihre gemeinsame Existenz bedrohe. - Ben zeigt sich einsichtig, will die Sache jedoch auf seine Weise zu einem Ende bringen	
	In der Schule; auf der Straße; zu Hause bei Ben und Christy Ross < Laurie, David, Brian; Ben und Christy Ross >	Laurie in Angst und Panik; David will sie "zur Vernunft" bringen; unverhohlene Drohung Brian's; David wird handgreiflich, bereut augenblicklich seine Entgleisung gegenüber Laurie und erkennt, daß er auf der falschen Seite war;

negative Entartung des Experiments

Spät am Abend noch gehen David und Laurie zu Ben Ross und beschwören ihn, etwas gegen die Auswüchse der “Bewegung” zu unternehmen. Ben Ross sagt ihnen zu, das Experiment auf seine Weise zu beenden, und bittet um ihr Vertrauen, ohne ihnen jedoch Details seines Plans mitzuteilen.

16	Büro des Direktors; Fachraum für Geschichte; Park: < Ben, Mr. Owens, Klasse, insbesondere David, Laurie >	Mr. Owens gesteht Ben einen einzigen Tag zu, um das Experiment (endgültig und positiv) zu beenden; Ben schwört die Klasse auf die große, inzwischen schon nationale “Bewegung” ein; Laurie/David fühlen sich verraten; sie werden (vorsorglich) aus der Klasse entfernt; Entschluß beider, doch zur Versammlung zu gehen
17	Aula, Versammlung aller “Welle” - Mitglieder	Die Schülerinnen/Schüler erwarten den Auftritt des von Ben Ross angekündigten Führers der großen nationalen Bewegung; Unruhe und Spannung; David/Laurie gelingt es, in die Aula zu kommen.

Auf der Projektionsleinwand erscheint nun ein übergrosses Hitler-Bild. Ben Ross erklärt den Versammelten, daß es keinen nationalen Führer gebe, aber wenn, dann sähe er so aus.
Alle sind tief beeindruckt. Abschied von der “Welle”.

Desillusionierung

Zentrale **Textstellen,** auf die weiter unten eingegangen wird:

S. 33 - 42 - 45 - 46 - 47 - 48 - 55 - 61 - 62 - 64 - 69 - 72 - 74 - 75 - 82 - 83 - 84 - 85 - 87 - 92 - 93 - 95 - 98 - 105 - 112 - 114 - 116 - 120 - 122 - 125 - 127 - 128 - 135 - 136

B. Gedanken und Überlegungen zum Erfolg des Experiments

Natürlich stellt sich die Frage, ob das "Experiment" gelungen ist, d. h. unter den angestrebten Erziehungs- und Bildungszielen die Schülerinnen und Schüler erreicht hat. Die Frage ist in zwei Richtungen gestellt: zum einem dem Initiator des wirklichen Experiments, der diese Frage aus seiner Sicht eingeschränkt positiv beantwortet; zum anderen dem Roman, der keine abschließende Antwort gibt und der es dem Leser überläßt, weitergehende Schlüsse selbst zu ziehen.

*** *** ***

Der "historische" Initiator des Experiments, Ron Jones, äußerte sich in einem Interview gegenüber der Zeitschrift "Scholastic Voice" vom 18. September 1981 zu dieser Frage und hob die "große Bandbreite von Eindrücken" (M. R., Die Welle, S. 142) hervor, die das Experiment auf die Jugendlichen gemacht hat. Im wesentlichen habe er damit seine Ziele erreicht. Als erschreckende Erkenntnis gab R. Jones an, daß "sich niemand dagegen gewehrt" habe, "kein Schüler, kein Lehrer, von den Eltern niemand und niemand von den Geistlichen "(M. R., Die Welle, S. 142). Diese Tatsache, das läßt sich daraus ableiten, unterstreicht im Sinne der Zielstellung den 'Erfolg' des Experiments.

*** *** ***

Der Geschichtslehrer aus dem Roman, Ben Ross, kann sich den Erfolg seines Experiments nicht zuschreiben. Morton Rhue steuert das Geschehen, die Reaktionen einzelner Schüler und Eltern, anders. Der Leser wird früh an den Punkt herangeführt, an dem die Fragwürdigkeit des Experiments zutagetritt, dies zu einem Zeitpunkt, da Ben Ross selbst noch davon überzeugt ist, trotz aller didaktisch-methodischen Planungsschwierigkeiten für seinen Unterricht, das Experiment erfolgreich zu leiten und zu kontrollieren. Er bemerkt zu spät, daß er bereits sein eigenes Opfer geworden ist. Obwohl es ihm gelingt, seinen Versuch "stimmig" abzuschließen, ist er sich bewußt, noch für eine beträchtliche Zeit die Schäden ausbessern zu müssen, die von der Stundenreihe konkret an einzelnen Menschen (Robert) verursacht worden sind.

*** *** ***

Im nachfolgenden Kapitel werden die geplanten und durchgeführten Schritte des Versuchs (Roman) ein wenig genauer beleuchtet. Dabei sollen auch die Hauptpersonen in den Vordergrund gerückt werden, um den Wirkungen des Versuchs auf sie als direkt oder indirekt Betroffene detailliert nachzuspüren (vgl. IV, Schaubild 3). Wir bedienen uns wiederum eines einfachen (Planungs-) Rasters und simulieren in verkürzter Form zunächst eine schriftliche 'Unterrichtsvorbereitung' (die des Ben Ross), in der die (realen) Bedingungs- und Entscheidungsmomente einschließlich der "Ergebnisse" nachgezeichnet werden[6]. In einem zweiten Schritt kommentieren wir sodann die Versuchsschritte distanziert - kritisch in ihrer unterschiedlichen Reichweite, bezogen auf die differenzierten Zielgruppen "Klasse" und "Öffentlichkeit". In diesem Zusammenhang nehmen wir dann auch zur Rolle des Unterrichtenden Stellung.

(1) Ben Ross und das Experiment

Ben Ross ist die Hauptperson des Romans, Initiator und Opfer eines bedenklichen Unterrichtsexperiments. An der Schule genießt er bei den meisten Kollegen und auch bei den Jugendlichen Respekt und Anerkennung. Auch der Schulleiter hat eine hohe Meinung über ihn, nicht von ungefähr, denn Ben Ross beweist Mut und Initiative für innovatives Arbeiten, versucht dem Routinealltag zu entgehen; läßt sich selbst durch eine Sache fesseln und versucht, diese für seine Schüler interessant zu gestalten. Dabei ist er fair und offen, weiß um seine kleinen Schwächen in der Handhabung technischer Geräte. Sein Experiment, zu dem ihn der brisante Unterrichtsgegenstand (NS-Zeit) und sein Ethos (die Schüler sollen etwas Bleibendes darüber aus seinem Unterricht mitnehmen) verleiten, will den Jugendlichen durch handelnde Erfahrung nahebringen, wie die "Gleichschaltung" der Menschen unter der Nazi-Diktatur möglich war.

So könnte Ben Ross seine Vorbereitung formuliert und skizziert haben:

Ziele: *(kognitiv, emotional, pragmatisch): "erfahren und erkennen, daß es möglich ist, das politische Denken der Menschen propagandistisch auszuschalten, einen emotionalen Gleichklang zu erzeugen und gemeinsames Handeln im Sinne einer "Idee" zu initiieren."*

6) Es handelt sich hierbei nicht um einen schriftlichen Unterrichtsentwurf, wie er nach bestimmten Kriterien von Lehramtsanwärtern und von anderen Unterrichtenden anzufertigen wäre. Gleichwohl berücksichtigen wir die zentralen Planungsaspekte des Handlungsfeldes "Unterricht" in Übereinstimmung mit der sog. "Berliner Schule" (Heimann/Otto/Schulz, 1976), die in modifizierter Form auch heute noch relevant ist (M. Krejici/K. Schuster, 1984; K. Schuster 1995).

Methode: experimentelles Vorgehen; Entwicklung und Veränderung von Bewußtsein und Handlungsbereitschaft durch das Einschwören auf tragende "slogans"; durch gedankliche und operative Fixierung auf die zugrundeliegende "Idee" (imitieren - stimulieren - aktivieren).

Medien: Filme; Symbolkarten; Embleme.

Der gewählte didaktisch-methodische Grundansatz erscheint vernünftig und könnte sich in Übereinstimmung mit Prinzipien eines "offenen, handlungsorientierten Unterrichts" befinden.

Ben Ross muß sich vorhalten (lassen), daß sein Experiment fragwürdig, pädagogisch nicht zu verantworten war. Er hat sich fahrlässig und zudem gelegtlich in unvertretbarem Selbstbezug mit dem Verlauf identifiziert und eine Rolle innerhalb der Bewegung selbst angenommen, d. h. seine Aufgabe als distanzierter, reflektierender und beratender Partner vernachlässigt.

> "Schulischer Unterricht erfolgt auf der Basis bestimmter Voraussetzungen und hat bestimmte Folgen, die als Voraussetzungen in die Planung und Gestaltung weiterer Unterrichtsprozesse mit eingehen. Daraus folgt, daß die Erhebung der Voraussetzungen unterrichtlicher Vermittlung nicht ein einmaliger Vorgang ist. Der Lehrer ist gehalten, permanent Veränderungen zu registrieren und die daraus resultierenden Konsequenzen für seine Schul- und Unterrichtsarbeit zu ziehen. Gefordert ist, daß der Lehrer seine Möglichkeiten, die seiner Schüler und die der Schulstruktur auf jeweils anzustrebende Inhalte, Methoden und Medien hin reflektiert. "[7]

7) aus G. Scholz/H. Bielefeldt. Schuldidaktik, S. 54. -

Welche Vorwürfe sind im einzelnen gegenüber Ben Ross zu erheben?

- Ben Ross leitet Handlungen ein, die er in ihren Konsequenzen vorausschauend nicht überdenkt;
- er begünstigt Fehlentwicklungen einzelner Jugendlicher (Robert) als auch innerhalb der Gruppe (Mitläufer);
- er leitet Fehldeutungen Vorschub und legitimiert Fehlentscheidungen (Anpassungsdruck);
- er schafft autoritäre Strukturen, ohne sie zu hinterfragen und über ihr Zustandekommen kritisch mit der Gruppe nachzudenken;
- er läßt die Verwechslung von "Wirklichkeit" und "Experiment" zu;
- er überhört zu lange warnende Einwände und berauscht sich an den scheinbaren Erfolgen seines Experiments.

● Diskussionsaspekt: Wie hätte Ben Ross sein Experiment anders durchführen können?

(2) Das Experiment und die Zielgruppe

Ben Ross' Geschichtskurs, der offen ist für Schüler ab Klasse 9, wird von jungen Leuten aufgesucht, deren Einstellung zum Lernen und Arbeiten vergleichbar ist der sehr vieler anderer in anderen Schulen dieser Welt. Im Durchschnitt sind es unkomplizierte junge Leute, die es mit Ordnung und Pünktlichkeit nicht so genau nehmen, die wichtigere Dinge als Hausaufgaben zu erledigen haben (1; 11), die ihre Stärken auf dem Gebiet des Sports (Brian, David) oder im Umgang mit der Technik besitzen, die ihr Privatleben gern in der Schule fortsetzen. Es gibt Intelligente und weniger Intelligente, und es sind auch solche darunter, die schulisch gar nichts zustandebringen (Robert). Überwiegend sind sie nicht unbedingt destruktiv, aber in langen Unterrichtsjahren, in denen in den Fächern zumeist nichts Aufregendes passiert, abgestumpft und passiv geworden. Ben Ross' Vorstoß, sie mit einem außergewöhnlichen Lernansatz zu aktivieren, hat eine absolut positive Resonanz, und so füllt sich der Geschichtskurs, als es sich herumspricht, daß dort eine spannende Sache im Gange ist. Die jungen Leute machen auf einmal mit, zeigen sich motiviert, ein Ruck scheint durch die ganze Gruppe gegangen zu sein (9). Sogar der schläfrige Robert hat "Haltung" und "Form" angenommen.

Was bewegt die jungen Leute an Ross' Experiment, das sie als solches nicht wahrnehmen, sondern mehr und mehr als einen Teil ihres Alltags erfahren?

Will man ein Schlagwort unserer Tage verwenden, so heißt das "action". Es ist plötzlich was los in der Klasse. Es ist Bewegung hineingekommen, im wörtlichsten Sinne. Drillübungen halten die Schüler auf Trab (5), kontroverse Ansichten über den Unterricht werden ausgetauscht, Erwartungen an den nächsten Tag. Farbe und Etikette bereichern das Geschehen (6), und selbst außerhalb des Unterrichts greift das Erlebte aus und um sich (8). Es ist so etwas wie ein "Spiel" entstanden, an dem mehr und mehr Schülerinnen und Schüler teilhaben, auch solche, die nicht zum Geschichtskurs gehören. Rollen werden in diesem Spiel übernommen (11, 13, 14, 15), das "Spiel" verselbständigt sich, aus zunächst 'lustbetonten' Handlungen werden Haltungen, und das Ganze ist plötzlich "kein Spiel mehr" (15).

Die Zielgruppe, die vorher als Geschichtskurs angesprochen war, hat sich verändert. Es gibt nun eine wachsende "Bewegung", die nicht mehr mit dem Instrumentarium von Unterrichtsplanung zu kontrollieren ist und die auf gefährliche Weise mehr und mehr gesichtsgleich zu werden beginnt. Zwei nicht einkalkulierte Momente sind mit der "Bewegung" gewachsen: die selbstverständliche Handhabung von Gewalt und der durch die "Bewegung" legitimierte Anspruch auf Macht. Die Zielgruppe "Klasse", deren Lern- und Erkenntniserfolg Ben Ross im Auge hatte, ist zur anonymen "Masse" mit totalitärer Beziehungsstruktur geworden. David ist fasziniert von der Kraft, die sich aus der "Bewegung" entfaltet; Amy geht widerstandslos in ihr auf; Robert vollzieht einen kompletten Rollenwechsel (11), Brad und Brian spielen die Macht aus, die sie im Gefüge der "Bewegung" besitzen dürfen, und schließlich ist Ben Ross Teil des Ganzen, der Kopf und Führer. Auch er verspürt die Faszination der Gewalt und Macht, die von der "Bewegung" ausgeht: "...Er hatte gelesen, Macht könne verführen. Jetzt hatte er es selbst erfahren..." (15; 118).

● <u>Diskussionspunkt:</u> Wie verhält sich Ben Ross als Lehrer seiner "Zielgruppe" ?

Wie verhält er sich als Teil der "Bezugsgruppe" ?

(3) Die Wahlsprüche [8)]

Die "Welle" wird im wesentlichen von drei Wahlsprüchen / "slogans" in Bewegung gesetzt und in ihrer Entwicklung bestimmt. Diese "slogans", von Ben Ross nacheinander an die Lerngruppe herangetragen, erfüllen den beabsichtigten Zweck: die Jugendlichen werden durch sie "auf Linie" gebracht.

1. Wahlspruch: "Macht durch Disziplin" (5)

2. Wahlspruch: "Macht durch Disziplin und Gemeinschaft (6)

3. Wahlspruch: "Macht durch Disziplin, Macht durch Gemeinschaft, Macht durch Handeln" (8)

(1) Die Gruppe wird auf das strikte Ausführen und Einhalten von (noch so unsinnigen) Befehlen auf das tragende Prinzip eingeschworen.

(2) Das Einschleifen von ritualisiertem Handeln durch die nicht hinterfragte Befehlsausübung stiftet "Chorgeist" und formt das Bewußtsein, einerseits etwas Besonderem anzugehören, andererseits in einen "mainstream" eingebunden zu sein, damit Schutz und Anonymität zu genießen. Zu dem Motto gehören das Emblem, der Name und der Gruß.

(3) Die beiden ersten Wahlsprüche werden in dreifacher Zielsetzung konsequent umgesetzt:
(a) in der bedingungslosen Unterwerfung der eigenen Person bis zur Selbstaufgabe;
(b) in der rücksichtslosen Anwendung gegenüber anderen;
(c) in der Weiterentwicklung und Perfektionierung des Systems.

Im Warten der "Welle - Mitglieder" auf den "Führer" findet die Entwicklung ihren Gipfel und zugleich ihren Abschluß (17).

---

8) Parallelbeispiele für "Wahlsprüche" und ihre Funktion/Wirkung finden sich als ordnungsstiftende Prinzipien in "Lord of the Flies" (Die Grundsätze Ralph's und das Muschelhorn) und als willkürlich gehandhabte Kommandos in "Animal Farm" (Napoleons "Gebote").

Die Wirkung der in ihrer Substanz totalitären “Wahlsprüche” auf einzelne Personen und Personengruppen des Romans ist unterschiedlich. Dabei lassen sich eine Gruppe von Enthusiasten, von engagierten Gegnern, von abwartenden Zweiflern und schließlich eine große Zahl von Mitläufern erkennen. Die Zahl der Indifferenten ist gering. Im einzelnen können folgende Zuordnungen vorgenommen werden:

Enthusiasten:	Amy, Robert, Brad, Brian, (David)
Gegner:	Laurie, David
Indifferente:	Alex, Carl; beide sind in allem indifferent, stellen sich jedoch eindeutig auf Laurie's Seite
Mitläufer:	die große Zahl der Schülerinnen und Schüler, die das, was sich aus dem Geschichtskurs von Mr. Ross an Abwechslungsreichem entwickelt, mitmachen, ohne mitzudenken.

Aufseiten der Erwachsenen läßt sich eine andere Gruppierung feststellen. Die Zahl der erklärten Skeptiker und Gegner des Versuchs, aus unterschiedlichsten Gründen, ist weitaus größer. Nach anfäglichem Zögern redet Christy Ross ihrem Mann ernsthaft ins Gewissen. Von Beginn an skeptisch äußert sich Mrs. Saunders, Laurie's Mutter, wohingegen Mr. Saunders zunächst eher die positiven Momente des Experiments würdigt. Nicht wenige Kollegen von Mr. Ross lassen keinen Zweifel an ihrer ablehnenden Haltung, dies teilweise auch aus Neid auf den offensichtlich beliebteren und erfolgreicheren Lehrer. Aus Elternkreisen wird Unwille laut; Widerstand formiert sich, zumal nach den tätlichen übergriffen. Der Schulleiter, Mr. Owens, der seinen jungen und engagierten Kollegen schätzt, verhält sich abwartend, ehe er zunehmend unter öffentlichen Druck gerät und reagieren muß.

Lediglich Norm Schiller, ein frustrierter Lehrer des Kollegiums, fühlt sich durch die positiven Wirkungen des Experiments auf die Disziplin und Arbeitsbereitschaft der Jugendlichen neu motiviert.

*** *** ***

Von den zahlreichen “Paaren” und “Paarbildungen” des Romans fallen neben den Ehepaaren Ben/Christy Ross und den Saunders Laurie und David besonders auf. Nicht nur, weil sie die jugendlichen Hauptpersonen sind, sondern weil sich in ihrer zuweilen schwierigen Beziehung die dramatische Bewegung der “Welle” am auffälligsten spiegelt.

Laurie ist eine aufgeweckte Schülerin, sehr natürlich und zu allen Scherzen aufgelegt (1); als einzige nimmt sie die Aufgaben als Reporterin für die Zeitung ihrer Schule ernst. Sie kommt aus einem gesprächsoffenen Elternhaus, das Anteil nimmt am Schul- und auch Privatleben der Tochter. Mit kritischem Interesse beobachtet sie die entstehende Bewegung, die sie zunächst gegenüber ihrer Mutter verteidigt (7). Als sich allerdings die negativen Geschehnisse häufen, von denen sie selbst betroffen und bedroht ist (11, 12, 13, 15), geht sie in entschiedene Opposition, ja, wird zur Kämpferin gegen die Bewegung. Sie will von ihren Möglichkeiten als Reporterin der Schülerzeitung Gebrauch machen und die bedrohlichen Entwicklungen der "Welle" offenlegen.[9] Laurie hat sich eine unabhängige Meinung gebildet, und es zeichnet sie aus, mit welcher Unerschrockenheit sie versucht, Mißständen und Fehlentwicklungen entgegenzutreten. Dabei nimmt sie auch auf ihre eigenen Gefühle für David keine Rücksicht.
Ihre Beziehung droht zu zerbrechen.
David ist emotional weitaus stärker von der "Welle" berührt. Für ihn baut sie sich zu einem idealen Instrument auf, das beispielhaft zeigen kann, wie man "team- Geist" in die "football-Mannschaft" bringen könnte, deren Mißerfolge ihn sehr schmerzen. Die möglichen Folgen der Bewegung will David nicht sehen, und es kommt zu einem ersten deutlichen Konflikt zwischen ihm und Laurie (8). In seinem Starrsinn und in seiner Dickköpfigkeit erkennt David nicht, daß er auf der falschen Seite ist und nun seinerseits in der Gefahr steht, ein Opfer der totalitären Strukturen innerhalb der "Welle" zu werden (15). Er kommt jedoch noch rechtzeitig zur Vernunft.

*** *** ***

Es erscheint bemerkenswert, daß drei Frauen - Mrs. Saunders, Christy Ross und Laurie - die entscheidenden Signale gegen die "Welle" setzen. Mrs. Saunders ist eine gesellschaftlich engagierte Frau, ohne intellektuelle Verstörungen (für Laurie ist sie die "wahrscheinlich klügste und aufmerksamste Frau", zu der sogar Politiker kommen, um sich Rat zu holen - 7; 51), aber hochsensibel und instinktsicher. Christy Ross verkörpert den Typ der selbständigen und selbstbewußten jungen Frauen, klar und umweglos denkend. Laurie, unfertiger als die beiden Erwachsenen, benutzt ihren Verstand; sie vertraut auf ihr eigenes Urteil, ohne das ihrer Mutter zu verwerfen. Im Gegensatz zu den rationalen und nüchternen Einschätzungen

9) P. Bruck sieht Laurie hier in der Tradition des "investigative journalism", vgl. Kap. 1. - P. Bruck, Teacher's Guide, S. 20

der Frauen sind die der beteiligten Männer (Ben Ross, Mr. Saunders, David) idealistisch und romantisch, geradezu wirklichkeitsfremd. Es ist ihnen nicht vorzuwerfen, diese Ideen und Ideale zu haben; im Gegenteil: deshalb werden sie geliebt, aber die daraus erfolgenden Konsequenzen schätzen sie nicht sachlich genug ab (Mr. Ross, David).

● Diskussionsaspekt am Rande: "Sind Männer politisch leichter verführbar?"

(4) Der Unterrichtsgegenstand

Es handelt sich um eine Unterrichtsreihe, in der es um die Nazi-Verbrechen an der jüdischen Bevölkerung Europas geht. Aus unserer jüngeren Geschichte ist dies eines der zentralen Themen des Unterrichts im Fach Geschichte/Politik, aber auch von fachübergreifenden Lerneinheiten.[10] Bedauerlich ist, daß mancherorts bis zum Ende des 10. Schuljahres in Schulen darauf wenig Zeit verwendet wird. Auch eine allzu frühe unterrichtliche Aufarbeitung (vielerorts bereits im 8. Schuljahr) kann weder den Jugendlichen noch der Sache gerecht werden. In den Lehrplänen vieler amerikanischer Schulen nimmt das Thema einen gewichtiger Platz ein, ist es doch auch engstens verknüpft mit einem Stück jüngerer amerikanischer Geschichte und mit den ewig aktuellen Fragen/Zusammenhängen um die freiheitlichen Grundrechte der Menschen/Völker.[11] Wer heute die entsprechenden Regale einer gutsortierten amerikanischen Buchhandlung in Augenschein nimmt, wird bemerkenswerte Entdeckungen machen können.[12]

Das Thema wird also nicht nur zufällig im Geschichtskurs von Ben Ross behandelt, und so ist er bemüht, detailliert auf einzelne Fakten und Zusammenhänge einzugehen: Die Endlösung der Judenfrage - die Zeit vor Hitler - Hitler als "Psychopath" (2) - die "Gleichschaltung" - die SS (5) - die Maschinerie des Nationalsozialismus aus Propaganda und Terror (8) - die Rolle und Bedeutung des "Führers" für die Menschen im damaligen Deutsch-

10) Hierbei kommt dem Literaturunterricht eine wichtige Funktion zu (vgl. anhängige Titel am Ende dieses 3. Kapitels).

11) Vgl. A. Axelrod/Ch. Phillips. What Every American Should Know About American History, Holbrook (MA) 1992.

12) Eines der populärsten Bücher ist "Anne Frank. Beyond the Diary" (vgl. anhängige Titel am Ende dieses 3. Kapitels).

land - die Anfälligkeit der Menschen für den Faschismus ganz allgemein (17). Es muß nicht betont werden, wie wichtig auch bei uns Information und sachliche Aufklärung über diese Zeit bei den Jugendlichen ist, um sie nicht allzu leicht den neo-nazistischen Bewegungen zuzuspielen. Diese Gefahr ist in den USA nicht geringer vorhanden als bei uns. -

Die Nazi-Herrschaft begann 1933 und endete im Untergang Deutschlands 1945 des verheerenden 2. Weltkrieges 1945. Unter der Führung Adolf Hitlers (1889 - 1945) übernahmen die Nazis (NSDAP = Nationalsozialistische Deutsche Arbeiter Partei) gewaltsam und in in fortschreitender Rücksichtslosigkeit alle Bereiche des öffentlichen Lebens (Medien, Bildungseinrichtungen, Ämter und Behörden). Sie wurden der Nazi-Zensur und ihrer Propaganda unterworfen. Die Menschenrechte wurden mit Füßen getreten. Den Kommunisten und den Juden hatte Hitler die Vernichtung angedroht, die er auch konsequent und auf erschreckende Weise ausführte. Mehr als 6.000.000 (sechs Millionen) Menschen kamen in den zahlreichen, über ganz Europa verstreuten Vernichtungslagern / Konzentrationslagern um: die Namen Auschwitz, Maidanek, Sobibor und Treblinka stehen für millionenfaches Leid und millionenfachen Mord. Auch andere Namen sind in die Geschichte des "Holocaust" eingegangen, Theresienstadt und Bergen-Belsen, Dachau und Flossenbürg, Buchenwald und Ravensbrück. Nach Kriegsende konnten Überlebende aus den Lagern befreit werden. Den Befreiern boten sich erschütternde Bilder. -

Der deutschen Jugend galt Hitlers Aufmerksamkeit von Beginn an. Sie sollte der Garant für die Zukunft sein. Im Jahre 1934 zählte die organisierte Hitler-Jugend (HJ) im Alter zwischen 10 und 18 Jahren ca. 6.000.000 Mitglieder. Sie wurden auf den "Führer" eingeschworen. Frühe Erziehung zum Gehorsam und zur Loyalität gegenüber dem Staat (= Hitler), Propagandaveranstaltungen für die Jugend, Freizeitlager und vormilitärische Übungen in großem Stil sorgten dafür, daß "von der Wiege bis zur Bahre" ein lückenloser Führerstaat entstand. Er übte auf die Jugend gleichermaßen wie auf die Erwachsenen ein große Faszination aus. Die Jugend, von wenigen Ausnahmen abgesehen, huldigte dem "Führer", und mancher Jugendliche war -von edlem Eifer beseelt- fanatischer als die Erwachsenen. [13] Nur der perfekte Gleichklang, durch effektvolle Äußerlichkeiten im emotionalen

---

13) B. Wickis Film "Die Brücke", einer der Klassiker unter den Filmen, die sich u. a. mit der Rolle von Jugendlichen im 2. Weltkrieg befassen, sei hier erinnernd erwähnt. Keine Auseinandersetzung mit Fragen zum Verhalten der Jugendlichen im Nazi-Deutschland sollte auf den Einsatz dieses Films verzichten.

Bereich unterstützt, konnte dazu führen, daß sich ein ganzes Volk dem Führer unterwarf.
In den Jahren nach 1938 wuchs der Widerstand gegen Hitler, aber es dauerte bis 1944, ehe im berühmten Offiziers-Komplott vom 20. Juli der Oberst Claus Graf von Stauffenberg ein kühnes Bombenattentat wagte. Es schlug fehl, und Hitlers Rache war grausam.[14] -

Nur mit einzelnen Quellentexten wollen wir die sachliche Begleitarbeit der Romanlektüre unterstützen. Sie bleiben auf wenige, für das Verständnis der angesprochenen Sachaspekte hilfreiche Texte beschränkt. Den begleitenden Texten sind Aufgaben zugeordnet. Sie können diskutiert und/oder schriftlich bearbeitet werden, stets im engen Konnex mit Morton Rhue's "Welle". Auf beispielhafte "Lösungen", wie sie P. Bruck in seinem "Teacher's Guide" bereitstellt, verzichten wir. Sie würden nach unserer Ansicht zu sehr eine Nachahmung herausfordern. Überdies sind zahlreiche weitergefaßte Aufgaben im Kapitel IV vorgesehen, zu denen wir ebenfalls keine "Beispiellösungen" geben, da es sich um individuell erstellende, produktiv-gestalterische Aufgaben handelt.

*** *** ***

14) Es würde zu weit führen, die Frage des Widerstandes ausführlich mit zu thematisieren. Allerdings sollte zumindest mit einigen Fakten/Daten vorgetragen werden, daß sich nicht das ganze Deutschland widerstandslos Hitlers Regime überließ. Immer wieder gescheiterte Versuche, Hitler auszuschalten, gehören zu den Tragödien zwischen 1938 und 1945 ebenso wie die vielen Zweifel, Mißverständnisse und das Zögern der gegnerischen Mächte, diesen Widerstand entschiedener zu unterstützen. - Vgl. R. Lill /H. Oberreuter (Hg.). 20. Juli. Portraits der Widerstandes. Düsseldorf - Wien 1994.

MATERIALIEN ZUM AMERIKANISCHEN SCHUL- UND BILDUNGSSYSTEM

< Zum Schulsystem > [15]

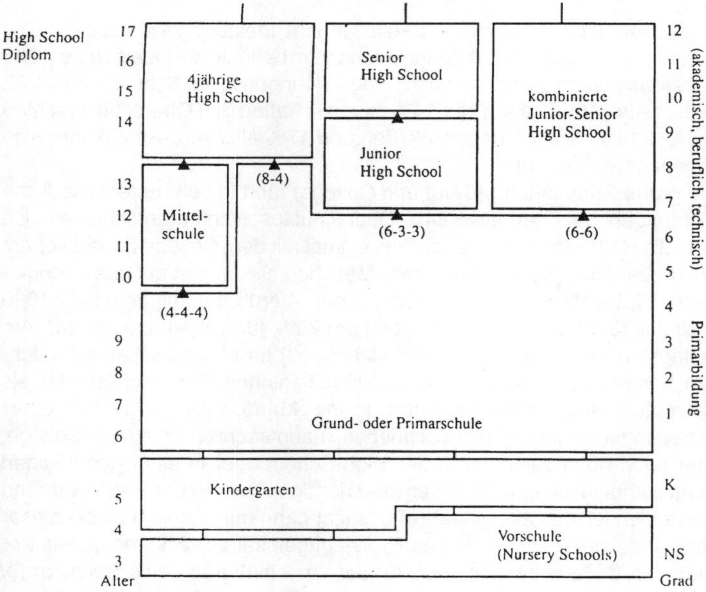

Aufgaben:

- Vergleiche mit dem deutschen Schulsystem. Gibt es Ähnlichkeiten und Übereinstimmungen?
- Das amerikanische Schulsystem sieht die höchsten schulischen Abschlüsse nach der Klasse 12 vor. Das "Abitur nach der 12." wird auch bei uns diskutiert. Wie denkst Du darüber?

---

15) Thomas R. Hummel (Hg.). Neue Entwicklungen im Hochschulwesen der USA. In: Länderbericht USA, Band II, Bonn 1992 (Bundeszentrale für politische Bildung), S. 603

< Schüler und Schullaufbahnen >[16]

(Die Fußnoten in diesem Textauszug haben wir weggelassen. Sie beziehen sich auf Übersichten / Tabellen, die nicht mitzitiert werden.)

In gewisser Hinsicht kommt die Realität dem 'Idealbild' ziemlich nahe. Die weitaus überwiegende Zahl junger Menschen beendet die Oberschule: 1986 waren insgesamt ca. 92% aller 16- und 17jährigen in der Schule- und ca. 93 % aller Afro-Amerikaner. Nur 14% davon schaffen den Oberschulabschluß nicht, d. h. 13% aller jungen Weißen und 17% aller Afro-Amerikaner sind sogenannte *drop-outs.*
Die große Aufgabelung (Beruf und College) führt in sehr unterschiedliche Richtungen. Von den etwa 84% Oberschulabsolventen entscheiden sich über die Hälfte dafür, es wenigstens einmal mit dem College zu versuchen. Erst neuerdings gehen etwas mehr Mädchen als Jungen auf das College - 1986 55,6% Mädchen und 54,2% Jungen. Verglichen mit dem Jahr 1960 stellt das für Mädchen einen Anstieg um 20%, für Jungen um 8% dar. Am geringsten ist die Neigung (oder Möglichkeit) für afro-amerikanische Jungen, von denen nur 44% mit dem College beginnen. Demnach ist mehr als die Hälfte aller 18-19jährigen (ohne Militärangehörige) in einer Erziehungseinrichtung eingeschrieben, hauptsächlich in einem College, aber auch noch verspätet in der High School oder in einer ganztägigen Berufsschulausbildung. Von den 20-21jährigen (also in der Regel während der beiden letzten College-Jahre) besucht dann nur noch ein Drittel dieser Altersstufe ein College. Von den 25-29jährigen haben 22% wenigstens vier Jahre ein College besucht, was für den Abschlußgrad eines *Bachelor (of Arts/of Science)* erforderlich ist. Obwohl fast so viele Afro-Amerikaner wie Weiße die Oberschule abschließen und durchschnittlich nur um 7% weniger wahrscheinlich eine Collegeausbildung beginnen, schließen nur 11% von ihnen auch diese Ausbildungsphase ab - also halb so viele wie Weiße.

Für sehr viele bedeutet der eingeschlagene College-Pfad, daß sie nach dem vorzeitigen Verlassen des Colleges in den Arbeitsmarkt eingegliedert werden. Freilich ist die Unterscheidung zwischen Arbeit oder College in Wirklichkeit auch nicht so klar. Von den 16-24jährigen sind 83%, die nicht in einer Ausbildung stehen, auf dem Arbeitsmarkt - entweder beschäftigt oder arbeitssuchend, aber auch 49% der Schul- und Collegebesucher

16) Text entnommen dem Länderbericht USA, Band II, S. 295

(-innen). 1985 war bei den Ganztagsstudierenden während der College-Zeit die Vollzeitbeschäftigung während der langen Sommerferien am häufigsten, gefolgt von der Teilzeitbeschäftigung während des Studienjahres. Immerhin 13% all dieser Beschäftigten arbeiteten auch während des Studienjahres ganztags. Das liegt unter anderem daran, daß eine College-Ausbildung in den USA teuer ist.

Aufgaben

- Im Roman äußert sich ein Schüler gegenüber Mr. Ross, daß ihm die "sozialen Kontakte" wichtiger seien als die Hausaufgaben. - Wie kannst Du diese Aussage in Dein eigenes Verständnis von Schule/Freizeit einordnen?

- Zur Pflege sozialer Kontakte gehört für viele US - Schüler auch ein "job" nach der Schule. - Wie bewertest Du das, und wie beurteilst Du die Situation hier? - Hast Du einen "job" ? Wieviele andere Schülerinnen/ Schüler, die Du kennst, arbeiten nebenher?

< Zur Situation der Lehrerinnen/Lehrer in den USA >[17)]

Lehrer an öffentlichen Elementary- und Secondary Schools müsen eine amtliche Zulassung nachweisen, das heißt, sie benötigen eine Lehrerlaubnis vom Bildungsministerium für die von ihnen angestrebten Fächer und Klassenstufen. Für die Zulassung muß ein Lehrer in den meisten Staaten einen *bachelor's degree* in einem anerkannten Lehrausbildungsgang vorweisen. Trotz unterschiedlicher Lehrpläne besteht das typische vierjährige Bakkalaureus-Programm aus zwei Jahren allgemeiner Ausbildung und zwei weiteren Jahren, in denen die fachbezogene Kursarbeit, erziehungs-wissenschaftliche Seminare und Probeunterrichtspraktika abgeleistet werden müssen. Einige Staaten, z. B. Kalifornien, haben obligatorische Fünf-Jahres-Programme vorgesehen, wobei das letzte Jahr der zusätzlichen Qualifizierung dient. Die zwei Jahre mit allgemeiner Ausbildung konzentrieren sich auf das Studium generale (*liberal arts*), mit Kursen in Englisch, Sozialwissenschaften, Unterrichtspsychologie oder Bildungsphilosophie. Ein typischer Lehrer an einer Elementary School, der Lesen, Schreiben, Rechtschreibung, Rechnen, Geschichte, Naturwissenschaft und vielleicht

---

17) Text entnommen dem Länderbericht USA, Band II, S. 613

auch Musik, Kunst und Sport unterrichtet, befaßt sich unter Umständen während seiner Ausbildung mehr mit den Lehrmethoden dieser Fächer als mit deren Inhalten.

Künftige Secondary-School-Lehrer absolvieren berufsbildende Kurse, die denen der Elementary-School-Ausbildung ähnlich sind, sowie Lehrgänge in allgemeiner Didaktik und belegen die Richtung als Hauptfach, welche sie später einmal unterrichten wollen. Ein Semester mit Lehrpraktika beschließt normalerweise die Ausbildung der Pädagogen. Damit erhält der Student eine vorläufige Lehrbefugnis mit der Aussicht auf Dauerzulassung nach einer bestimmten Anzahl von Unterrichtsjahren oder, wie in einigen Staaten, nach zusätzlicher Qualifizierung durch den Besuch eines Graduiertenprogramms. Als Antwort auf die Diskussion über die Lehrerqualifikation haben viele Staaten seit Mitte der achtziger Jahre Zusatzanforderungen an die Lehrbefugnis gestellt, indem sie Prüfungen wie ein zentrales Lehrerstaatsexamen, staatliche Mindestanforderungstests oder Fachwissenüberprüfungen eingeführt haben.

Aufgaben:

- Was ist Dir aus der Lehrerausbildung in Deinem Bundesland bekannt?
- Ben Ross ist in der Gefahr, suspendiert zu werden. Von welcher Seite gerät er am meisten unter Druck?
- Wäre ein Lehrer hierzulande in einer ähnlichen Situation?

< Begriffe aus dem amerikanischen Schul-Bildungswesen > [18]

Cafeteria: Self-service eating facility in a school or on a campus operated by the school or by a private contractor.

Class: The word “class” has several different definitions: (1) Group of students which meets with an instructor or professor on a regularly scheduled basis; (2) The group of students in a particular year of study, i. e., freshman class (1st year), sophomore class (2nd year), junior class (3rd year), senior class (4th year); (3) The group of students who will graduate (i. e., finish school or their studies) in a particular year, as “The Class of 1990”.

Course: Regularly scheduled class sessions of one or several hours per week of a particular subject (such as English, math, etc.)

Dropout: A student who leaves school with no intention of returning.

Extracurricular Activities: Activities which are a part of student life but not part of regular classroom study, such as athletics, student activities, dances, clubs, etc.

GPA: **G**rade **P**oint **A**verage. A System of recording academic achievement based on an average, calculated by multiplying the numerical grade received in each course by the number of credit hours studied (cf. grading system).

grade	**grade points per credit**
A-excellent	4
B-good	3
C-average	2
D-below average	1
F-fail	0

18) Die Begriffe bleiben unübersetzt, weil wir davon ausgehen, daß der Leser Englisch versteht. - Entnommen dem Heft “American Studies Newsletter”, 21. May 1990. American Education (I), Bonn (1990), S. 48 - 50, und für unsere Zwecke in Ausschnitten zusammengestellt. - Die Begriffe sind z. T. auch in unserem Sprachgebrauch geläufig.

Grading System: Schools, colleges and universities in the United States commonly use letter grades to indicate the quality of a student's academic performance: A (excellent), B (good), C (average), D (below average), and F (failing). Work rated C or above is usually required of an undergraduate student to continue his/her studies; work rated B or higher is usually required of a graduate student to continue. Grades of P (pass), S (satisfactory), and N (no credit) are also used. In percentage scales, 100 percent is the highest mark, and 70 percent (or 65 percent) is usually the lowest passing mark.

High School: The last three or four years of the twelveyear public education program in the United States.

Homework: Regular assignments to be completed outside class and considered in the student's course grade.

Principal: Administrative head of a school who is responsible for coordinating and directing its activities.

School Board: Elected administrative body of a public school district with the power to oversee (regulate, finance, evaluate) the educational activities of its schools.

School District: A local administrative unit established by the state to provide 12 years of schooling for residents of its area.

Semester: Period of study of approximately 15 to 16 weeks'duration, usually half of an academic year.

Senior: A fourth-year student at a high school, college or university.

Sophomore: A second-year student at a high school, college or university.

<Literatur 3a>

Willi P. Adams u. a. (Hg.) — Länderbericht USA. Band II. Bonn 1992 (Bundeszentrale für pol. Bildung)

American Studies Newsletter — American Education (I). Bonn 1990

Wolfgang Boettcher u. a. — Lehrer und Schüler machen Unterricht. München - Wien - Baltimore ³1980

Patricia L. George (ed.) — The Mood of American Youth. Reston (VA) 1989

Deborah Gore — American Youth. The United States Information Agency 1991

Thomas R. Hummel (Hg.) — Neue Entwicklungen im Hochschulwesen der USA. Frankfurt a. Main 1988

Sarah L. Ligthfoot — The Good High School. New York 1983

G. Scholz / H. Bielefeldt (Hg.) — Schuldidaktik. München 1982

MATERIALEN ZUM NAZI-DEUTSCHLAND UNTER HITLER

< Zum Instrument der Propaganda >[19)]

Die Propaganda bearbeitet die Gesamtheit im Sinne einer Idee und macht sie reif für die Zeit des Sieges dieser Idee, während die Organisation den Sieg erficht durch den dauernden, organischen und kampffähigen Zusammenschluß derjenigen Anhänger, die fähig und gewillt erscheinen, den Kampf für den Sieg zu führen.

Die erste Aufgabe der Propaganda ist die Gewinnung von Menschen für die spätere Organisation; die erste Aufgabe der Organisation ist die Gewinnung von Menschen zur Fortführung der Propaganda. Die zweite Aufgabe der Propaganda ist die Zersetzung des bestehenden Zustandes und die Durchsetzung dieses Zustandes mit der neuen Lehre, während die zweite Aufgabe der Organistion der Kampf um die Macht sein muß, um durch sie den endgültigen Erfolg der Lehre zu erreichen.

Kommentar: Der Historiker Rainer Zitelmann erkennt in Hitlers Propagandafeldzügen gegen dessen erklärten Hauptgegner, die Juden, eine Bündelung aller Kräfte, um die Stoßkraft zur Vernichtung auf ein einheitliches Ziel zu konzentrieren, wobei es darüberhinaus eine große Anzahl weiterer Gegner gab.

---

19) aus: A. Hitler. Mein Kampf, 11. Kapitel "Propaganda und Organisation".

< Zur antijüdischen Propaganda > [20]

Je einheitlicher dieser Einsatz des Kampfwillens eines Volkes stattfindet, um so größer wird die magnetische Anziehungskraft einer Bewegung sein und um so gewaltiger die Wucht des Stoßes. Es gehört zur Genialität eines großen Führers, selbst auseinanderliegende Gegner immer als nur zu einer Kategorie gehörend erscheinen zu lassen, weil die Erkenntnis verschiedener Feinde bei schwächlichen und unsicheren Charakteren nur zu leicht zum Anfang des Zweifels am eigenen Rechte führt.

Die antijüdische Propaganda stellte für Hitler eine direkte Folgerung aus diesem Grundsatz dar. Denn sein Kampf richtete sich im Grunde nicht gegen einen, sondern gegen mehrere Feinde, vor allem gegen den bürgerlichen Kapitalismus auf der einen und gegen den internationalen Marxismus auf der anderen Seite. Indem Hitler aber sowohl Kapitalismus als auch Marxismus als Instrumente des Judentums im Kampf um die Weltherrschaft darstellte, gelang es ihm, die Zahl der Gegner anscheinend zu reduzieren. In einer Rede am 27. Februar 1925 erklärte er, es sei "psychologisch falsch, mehrere Kampfziele aufzustellen", und es sei richtig, "nur einen Feind zu wählen, auf daß jeder sehen kann; dieser ist der Schuldige allein." Dieser Feind aber seien die Juden.

Ein weiterer wichtiger Grundsatz für Hitlers Propaganda war der, daß diese so radikal sein mußte, damit sie die "feigen" und "schwachen" Elemente von vornherein abstoße. Hitlers Ziel war die Herausbildung einer revolutionären Elite, die er mit dem Begriff der "historischen Minorität" bezeichnete.

< Hitlers Wähler > [21]

Das tatsächliche Ergebnis der Reichtagswahl kam einem Erdrutsch gleich. Die NSDAP vervielfachte ihren Stimmenanteil gegenüber 1928 von 2,6 auf 18,3%, statt 12 hatte sie nun 107 Sitze im Reichstag und war damit nach der SPD die zweitstärkste Partei geworden. Neben der NSDAP war vor allem die KPD als Sieger aus dem Wahlkampf hervorgegangen, den sie überwiegend mit nationalistischen Parolen gegen den "Young-Plan" und den Versailler Vertrag geführt hatte. Großer Verlierer der Wahlen waren die bürgerlichen Parteien, die erhebliche Stimmeneinbußen hinnehmen mußten.

---

20) vgl. R. Zitelmann. Adolf Hitler. Eine politische Biographie, S. 43

21) vgl. R. Zitelmann. Adolf Hitler, S. 62-63

Woher kamen die Wähler der NSDAP? Die Untersuchungen des Wahlforschers Jürgen Falter belegen, daß diese erste Zuwandererwelle zur NSDAP vor allem aus drei Quellen gespeist wurde: Von ehemaligen Wählern der protestantischen (liberalen oder konservativen) Mittelklasse- und Interessenparteien, die für rund die Hälfte des NSDAP-Potentials von 1930 verantwortlich waren, ferner von ehemaligen Nichtwählern, die rund ein Fünftel der NSDAP-Wählerschaft von 1930 stellten, und schließlich, was durchaus bemerkenswert ist, auch von ehemaliger SPD-Anhängern, die etwa ein Siebtel der NSDAP-Wähler von 1930 ausmachten. Denn, ebenso wie von der katholischen Zentrumspartei, wechselten von der SPD immerhin knapp 10% zwischen 1928 und 1930 zur NSDAP.

Aufgaben:

- Suche entsprechende Textstellen im Roman "Die Welle". - Weise nach, daß sich die Propaganda der "Bewegung" auf ähnliche Art vollzog.

- Wer sind die "Hauptgegner" der Bewegung? - Nenne sie und bringe sie auf 'einen Nenner'.

- Gibt es Parallelen im "Zulauf" der Wähler bei den Nazis und bei der "Bewegung"?

Bemerkenswert ist, daß Protestanten in weitaus höherem Maße für die Parolen der NSDAP anfällig waren als die Katholiken. So betrug der Stimmenanteil in Gebieten mit mehr als zwei Drittel Nicht-Katholiken rund 21%, in Kreisen mit mehr als zwei Drittel Katholiken dagegen nur rund 12%. Obwohl die Nationalsozialisten nach den Ergebnissen der vorangegangenen Landtagswahlen mit einem deutlichen Gewinn rechnen konnten, hatte doch keiner ihrer Führer ein derart hohes Wahlergebnis erwartet. Hitler war, wie Goebbels in seinem Tagebuch notierte, "ganz aus dem Häuschen". Die NSDAP war praktisch über Nacht zu einem bedeutenden Faktor im politischen Leben Deutschlands geworden.

Würde Hitler, der sich weiterhin als Führer einer revolutionären Bewegung verstand, an seiner nach dem gescheiterten Putsch proklamierten Legalitätstaktik festhalten? Zweifel hieran wurde allemal laut. Wenige Tage nach der Wahl vom 14. September versuchte Hitler diese Zweifel zu beschwichtigen und leistete den sogenannten Legalitätseid vor dem Reichsgericht in Leipzig. Anlaß war ein Prozeß gegen drei Reichswehroffiziere wegen verbotener Kontakte zur NSDAP. Hitler wurde als Zeuge geladen und von dem Gerichtsvorsitzenden danach gefragt, was er unter dem Wort "Deutsche nationale Revolution" verstehe. Hitler bekannte sich vor Gericht zur Legalität, die er jedoch nur auf die Formen des Kampfes bezog. "Wenn wir heute noch zwei bis drei Wahlen haben, dann hat auch die nationalsozialistische Bewegung im Reichstag die Mehrheit und wird dann die nationalsozialistische Revolution vorbereiten... Die Verfassung schreibt nur den Boden des Kampfes vor, nicht aber das Ziel. Wir treten in die gesetzlichen Körperschaften ein und werden auf diese Weise unsere Partei zum ausschlaggebenden Faktor machen. Wir werden dann allerdings, wenn wir die verfassungsmäßigen Rechte besitzen, den Staat in die Form gießen, die wir als die richtige ansehen.

< Jugend unter Hitler: Gleichschaltung >[22]

Die Jugend war leicht zu begeistern. Man spekulierte auf ihre Abenteuerlust und faßte sie in Verbänden und Organisationen zusammen, denen sie sich nur schwer entziehen konnten. Es galt als 'undeutsch', nicht in einer NS-Organisation zu sein, und wer wollte sich das schon vorwerfen lassen.

Die Gliederungen der einzelnen Organisation sahen im wesentlichen so aus:
Bei der NS-Frauenschaft wurden die sechs- bis zehnjährigen Kinder betreut, 10-14jährige Jungen kamen ins Jungvolk, die Mädchen zu den Jungmädchen, oder, wie es hieß: Jungmädeln.
15-18jährige kamen in die Hitlerjugend (HJ) oder zum Bund deutscher Mädchen (BDM).

Doch das war noch längst nicht alles. Damit der Deutsche bis an sein Lebensende aus der Uniform nicht mehr herauskam, gab es weitere Organisationen: der Reichsarbeitsdienst wurde sowohl für junge Männer als auch für Mädchen und junge Frauen eingeführt. Dann folgte die Wehrmacht mit ihren Gliederungen, Heer, Marine, Luftwaffe, danach die Reserve - die Ersatzarmee, die Landwehr, der Landsturm. Die Frauen wurden in der deutschen Frauenschaft organisiert. Innerhalb der SA und der SS gab es auch wieder Gliederungen, wie zum Beispiel das Reiterkorps oder

22) vgl. Max von der Grün. Wie war das eigentlich? S. 68-71

Kraftwagenkorps. Das deutsche Volk wurde bis ins letzte Glied organisiert. Kaum einer konnte sich dem entziehen. Den Machthabern war es dadurch möglich, fast jeden in dieser uniformierten und organisierten 'Menschenmasse' zu überwachen und zu dirigieren.

Jede Organisation hatte neben dem Hakenkreuz ein eigenes Zeichen, eine Rune, einen Wimpel, eine Standarte oder eine Fahne. Außer den regulären Schulen wurden später Parteischulen eingerichtet, Adolf-Hitler-Schulen und sogenannte Ordensburgen, in denen Biologie, Kampfsport und Volkskunde zu Hauptunterrichtsfächern wurden.

Hitler tat alles, um die heranwachsende Jugend unwissend und dumm zu halten. Am 24. Januar wurde ein Gesetz erlassen und gleich ein Amt dafür geschaffen: das 'Amt für Überwachung der gesamten geistigen und weltanschaulichen Schulung und Erziehung der NSDAP'. Hatten die Schüler vorher Aufsätze über Humanität und Nächstenliebe geschrieben, so beherrschten jetzt Nibelungentreue oder der kriegerische germanische Recke die Themenwahl.

Zu Beginn des zweiten Schuljahres kamen in unsere Klasse schon einige Jungen in der Uniform des Jungvolks - braunes Hemd und kurze schwarze Cordhosen - obwohl es nicht verlangt wurde. Wir Kinder wußten aber sehr wohl, daß die Väter dieser Jungen der SA, der SS oder einer anderen NS-Organisation angehörten. Natürlich gefielen sich die Jungen in ihrer Uniform. Sie glaubten, etwas Besseres zu sein und nicht selten waren es diejenigen, die mit ihrer Uniform die schlechten Noten in der Schule ausgleichen wollten.

Aufgaben:

- Stelle eine Übersicht mit den äußeren "Erkennungszeichen" zusammen, die es bei den Jugend-Organisationen im Nazi-Deutschland und in der "Bewegung" gab.

- Kannst Du im Roman ähnliche Organisations-Strukturen und Personen-Hierarchien erkennen? Schlüssele sie auf und entwirf dazu ein "Schaubild".

< Gewalt gegen Juden > [23]

Kommentar: zu den Greueln in den Massen-Vernichtungslagern sollen an dieser Stelle keine weiteren Quellen herangezogen werden. In genügend großer Zahl stehen Bild- und Tondokumente bereit (Filmbildstellen). - Der Roman geht an einzelnen Stellen darauf ein (Unterricht, Dialoge in der Cafeteria, Versammlung). Da nur gewisse Parallelen aufgezeigt werden sollen, die das *Entstehen* und die *Entwicklung* totalitärer Verhältnisse erklären, folgt abschließend ein längeres Zitat, das die Situation der Gewalt zu Beginn der Hitler-Diktatur wiedergibt. —

Schon im März 1933 hatten die ersten Verfolgungen der Juden begonnen. SS- und SA- Leute blockierten in unserer Wohngegend die jüdischen Geschäfte, zumeist kleine Einzelhändler mit wenigen oder keinen Angestellten. Um gegen diese Maßnahme zu protestieren, betraten wir sie dennoch, vorbei an den uniformierten Posten und ihren Plakaten 'Kauft nicht bei Juden', und mir sind die eingeschüchterten Gesichter der Inhaber und Angestellten noch gut in Erinnerung. Um allerdings überall in den blockierten Läden etwas kaufen zu können, reichte unser Taschengeld nicht; erwischten wir daher eine Tüte mit Firmenaufdruck, haben wir sie demonstrativ sichtbar getragen, auch wenn sie leer war. Wir standen nicht allein mit diesem Protest, aber die Masse der Bevölkerung betrachtete das Spektakel, ohne sich dagegen zu wenden.

Es tauchten jetzt auch Schilder an Kinos und Lokalen auf, die den Hinweis trugen:'Juden unerwünscht'. Einer unserer Freunde war, wie wir erst jetzt feststellten, jüdischer Herkunft. Die Jahre zuvor war das ohne Bedeutung gewesen, da die Sozialistische Arbeiterjugend kein Verhältnis zu den Kirchen besaß, ein Umstand, der in Hamburg nicht wundernahm, denn die evangelische Kirche in unserer Stadt war ziemlich konservativ, das Bündnis von Thron und Altar wirkte noch immer nach. Es gab zwar religiöse Sozialisten, doch war ihre Zahl im Verhältnis zur übrigen Mitgliederschaft gering. Und auch das Verhalten der Kirche im Frühjahr 1933, als in einigen Kirchen Massentrauungen von uniformierten SA-Leuten stattfinden, war nicht dazu angetan, die Entfremdung zwischen Kirche und linker Jugend zu überwinden. Dem abseits stehenden Betrachter mußte das wie ein Anerkennen der politischen Zustände erscheinen, einschließlich aller Übergriffe und Ungesetzlichkeiten - so haben wir es jedenfalls empfunden.

---

23) vgl. Kindheit und Jugend unter Hitler. Berlin 1992. S. 88

Aufgaben:

- In dem Roman gibt es 'Schlüsselstellen der Gewalt'. Such sie auf. Auch hier wurde versäumt, den Anfängen zu wehren. Wodurch werden diese Versäumnisse 'verständlicher'? Was hindert uns oft daran, Entwicklungen von Gewalt in unserer engeren Umgebung sofort entgegenzutreten? - Nenne und erkläre Beweggründe.

(5) Die Schülerzeitung von "Gordon High"

Eher beiläufig die Tatsache, daß in Morton Rhue's Roman eine Schülerzeitung vorkommt, für amerikanische Schulverhältnisse eben selbstverständlich. Im Zusammenhang mit dem Thema, den transportierten Fragen / Problemstellungen kommt dem Vorhandensein einer Schülerzeitung jedoch eine herausgehobene Stellung zu, über die nicht hinweggelesen werden sollte.

"Grapevine" heißt die an der "Gordon-High" herausgebrachte Zeitung, eine offenbar etablierte und sehr modern ausgestattete Einrichtung mit einem eigenen Redaktionsbüro, mit Schreibtischen und Schreibmaschinen für einen ganzen Stab an Mitarbeitern, unter ihnen auch Zeichner, für die es sogar extra Lichttische gibt (1; 5). "Grapevine" bedeutet "a climbing plant producing grapes" (New Webster's Dictionary, Miami 1992). Das ist ein schöner, nicht eben zufälliger Name für eine Zeitung, deren Ziel es ist, Früchte ihrer Arbeit zu ernten (sprich: Leser zu gewinnen) und zur Meinungsbildung an der Schule beizutragen. Die deutsche Übersetzung "Ente" erscheint zumindest unsensibel. Eine Assoziation mit 'Zeitungsente' (=irreführende Falschmeldung) liegt zwar nahe, auch eine Verbindung zum Experiment an sich, das sich für die meisten der begeisterten Anhänger eben als "Ente" herausstellt. Dennoch trägt der deutsche Name der Zeitung nichts von dem ursprünglichen Bedeutungscharakter des "Grapevine" in sich. - (Auf viele weitere Unzulänglichkeiten der deutschen Übersetzung in der Ausgabe des O. Maier Verlags/Ravensburg weist P. Bruck zutreffend hin.) -
Der Redaktionsraum der Zeitung und das geistige Umfeld, nicht ohne Ironie gezeichnet, spielen als Gegenpol zur Ideologie der "Bewegung" in den Kapiteln 1, 9, 11, 13, 14 und 15 eine dominante Rolle.

(1) Laurie allein in der Redaktion der Schülerzeitung, eine Szene mit vorausdeutendem Charakter: sie allein nimmt die Zeitungsarbeit ernst; sie allein tritt beherzt gegen die "Bewegung" an. Ihrer Verläßlichkeit

steht eine gewisse Gleichgültigkeit sogar der übrigen Zeitungsmitarbeiter gegenüber, eine Gleichgültigkeit, die es der "Bewegung" ermöglicht, sich nahezu widerstandslos zu entfalten.

(9) Wieder eine Redaktionssitzung, ohne daß von den Redakteuren etwas vorbereitet worden wäre. Laurie entscheidet mit den Anwesenden, einen Artikel über die "Bewegung" zu schreiben, um ein Stück sachlicher Information zu leisten.

(11) Laurie findet einen anonymen Brief, in dem mitgeteilt wird, wie rücksichtslos und brutal die Älteren unter den Mitgliedern der "Bewegung" Jüngere zum Mitmachen zwingen wollen. Die Zeitung, in der Person Laurie's, wird zum 'öffentlichen Mitwisser' gemacht und ist damit aufgerufen, Position zu beziehen.

(13) Es kommt zu einer Redaktionssitzung bei Laurie; diese Sitzung trägt gewisse Anzeichen eines 'konspirativen' Treffens und verdeutlicht, daß ein Medium für die Öffentlichkeit sich gezwungen sieht, unter dem Druck der Verhältnisse im 'Untergrund' zu arbeiten.

(14) Laurie zeigt ihrer (bislang) besten Freundin Amy den Leitartikel, ehe dieser veröffentlicht werden soll. Amy ist empört. Weitere heftige Reaktionen auf Laurie's Artikel. Isolation, Entfremdung. - Laurie spürt an sich selbst den Druck des 'Systems', das sich auf dem Wege befindet, die öffentliche Meinung zu kontrollieren und zu zensieren.

(15) Einschüchterung und tätliche Bedrohung Laurie's. Das Medium "Zeitung" soll gewaltsam ausgeschaltet werden.

Übernahme von Verantwortung gegenüber der Öffentlichkeit, Information und Aufklärung, kritische Berichterstattung und kämpferische Stimme aus dem Untergrund, dies alles verkörpert die Zeitung für Laurie, und dafür tritt sie ein. Die Zeitung ist das ordnende Medium, das gegen die Auflösung des Denkens, gegen die falsche Propaganda in einem Meer von Handzetteln und Flugblättern steht. Die Auflösung der Pressefreiheit im Dritten Reich, das Auslöschen des individuellen Denkens und Handelns, gipfelnd in den Bücherverbrennungen und dem tausendfachen Exodus deutscher Schriftsteller und Journalisten zwischen 1933 und 1939, der schweigende und tätige Widerstand ("Weiße Rose" !) derjenigen, die das Wort als Waffe einsetzten - in Morton Rhue's Roman "Die Welle" findet alles im Kleinen statt. Laurie wird damit zur eigentlichen Zentralfigur, in der sich auch die Rolle und

Bedeutung des geschriebenen Wortes als Instrument des Widerstandes konzentriert sieht. Man muß nicht überinterpretieren, um in diesem Aspekt eine wesentliche Frage des Romans angesprochen zu sehen, ja, man kann weitergehen: verkörpert sich in Laurie nicht die Einsamkeit desjenigen, der allein gegen die Welt anschreibt? Projiziert Morton Rhue hier nicht eigene Erfahrungen (als Journalist) mahnend auf seine Zeit, ruft er nicht auf, nicht nachzulassen im Bemühen, stets und unbeugsam in den Medien für die demokratische Gesellschaftsordnung einzutreten? Schreibt er der Jugend in den Schulen, den vielen Redakteuren von Schülerzeitungen nicht ins Stammbuch (Alex, Carl!), sich einzusetzen und sich der Bedeutung ihres Mediums stets bewußt zu sein, es zu verteidigen, ehe es ihnen entrissen wird?

In Morton Rhue's Roman wird die Gefahr der totalitären Vereinnahmung eines Teils der Gesellschaft dargestellt, zwar nur für einige bedrohliche Augenblicke, aber mit den erschreckenden Konsequenzen, die die Geschichte kennt. Der Roman ist ein Roman über das gefährdete menschliche Wort durch Worte (und Taten) der Unmenschlichkeit. Beides rankt, klettert und blüht. "Grapevine" - mehr als nur eine "Ente".

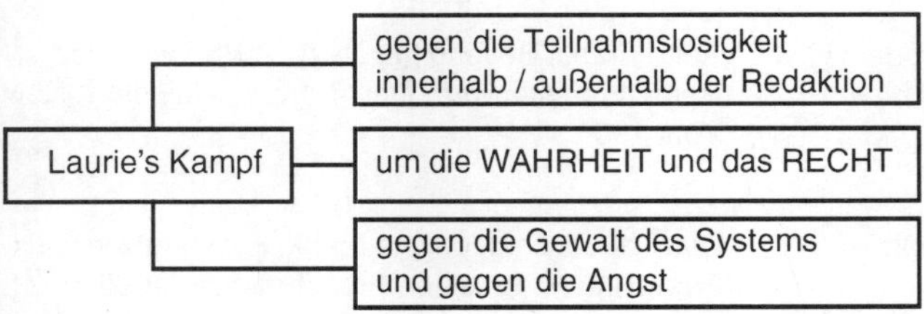

<u>Diskussionspunkt:</u> "Schweigen ist Zustimmung."

Wenn das ein formulierter Vorwurf wäre, auf welchePerson(en) des Romans könnte er zutreffen?

Läßt sich dieser Vorwurf verallgemeinern?

< Literatur 3 b >

Hans Jürgen Döscher	"Reichskristallnacht". Die Novemberprogrome 1938. Frankfurt a. M. - Berlin 1990
Max von der Grün	Wie war das eigentlich? Kindheit und Jugend im Dritten Reich. München 1995
Alfred Kantorowicz	Politik und Literatur im Exil. Deutschsprachige Schriftsteller im Kampf gegen den Nationalsozialismus. München 1983
Rudolf Lill / Heinrich Oberreuter (Hg.)	Portraits des Widerstandes. Düsseldorf - Wien 1994
Helmut Schmidt u. a.	Kindheit und Jugend unter Hitler. Berlin 1992
Jürgen Serke	Die verbrannten Dichter. Frankfurt a. M. 1980
Rainer Zitelmann	Adolf Hitler. Eine politische Biographie. Göttingen - Zürich ^{3}1990
Anne Frank'	Tales From The Secret Annex. Translated By Michel Mok And Ralph Manheim. Auckland - London - New York - Sydney - Toronto 1994
Ruud van der Rol / Rian Verhoeven	Anne Frank. Beyond the Diary. A Photographic Remembrance. Introduction by A. Quindlen. New York 1995

* * *

Anne Frank	Das Tagebuch der Anne Frank. Fassung von O. H. Frank und M. Pressler. Frankfurt a. M. 1995
Hans Peter Richter	Damals war es Friedrich. München 1974
Klaus Mann	Der Vulkan. Roman unter Emigranten. Hamburg 1991
Anne Seghers	Das siebte Kreuz. Berlin 1994
Josef Becker / Ruth Becker (Hg.)	Hitlers Machtergreifung . München 1983

IV. LESEN UND SCHREIBEN ANREGUNGEN ZUR KREATIVEN VERARBEITUNG DES ROMANS UND SEINES WEITEREN THEMENUMFELDES

Gemäß der wesentlichen Zielsetzung unserer Reihe, Anregungen zum produktiven und handlungsgeleiteten Literatur-Unterricht zu geben, mache ich dementsprechende Aufgabenvorschläge. Eine umfangreiche und systematisierte Übersicht zu Formen produktionsorientierten Umgangs mit literarischen Texten kann bei Waldmann[25] nachgelesen werden; ich beschränke mich auf einzelne, die im Umgang mit Rhue's Roman kreatives Potential bei den Lernenden anstoßen können. Sie sind überwiegend für Lernende der 9./ 10. Schuljahre gedacht; in differenzierter und entfalteter Weise sind sie auch für höhere Klassen geeignet.

Textangebundene Verfahren:

- Lautes Lesen von Gelenkstellen mit verteilten Rollen (großzügig raffendes Verfahren, das den Vorteil hat, das eventuell nur allzu flüchtig Gelesene zu 'verdichten').
- Erarbeiten und Einlesen modifizierender Zwischen - / Ergänzungspassagen (Gelenkstellen des Textes werden 'erweitert')
- Konkretisation des Handlungsortes (Beschreibung der Schule, des Redaktionsbüros, des Klassenraums)
- Konkretisation einzelner Personen (Äußeres, "Biographisches", z. B. die Vorgeschichte Roberts)
- Veränderung i. S. einer Pointierung der Hauptperson (Gedankenspiele des 'diabolischen Verführers' Mr. Ross);
- fiktives Tagebuch einer Person (Mitläufer schreibt seine Ängste und Bedenken nieder; Laurie formuliert ihre Zweifel)
- Erstellen von Strukturskizzen zu Handlungen und Personen (vgl. nachfolgende Schaubilder)

---

25) G. Waldmanns "Grundzüge von Theorie und Praxis eines produktionsorientierten Literaturunterrichts" sind nachzulesen in N. Hopsters "Handbuch" (Deutsch), Paderborn 1984. - Diese und weitere Literatur am Ende dieses Kapitels

- Vergleichende Charakterisierung einzelner Romanfiguren mit solchen aus anderen Romanen (W. Golding:"Lord of the Flies" - vgl. nachstehende Übersicht)[26)]

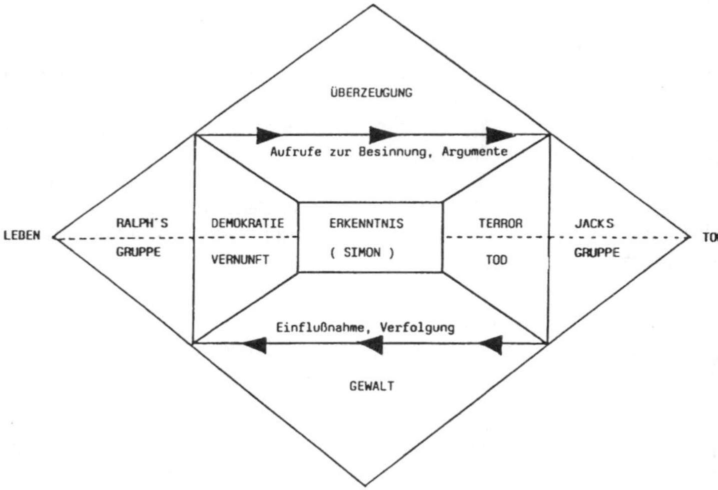

- Laurie's Zeitungsartikel (kritische Stellungnahme in wachsender Gegnerschaft zur "Bewegung")
- "Werbeposter", "Handzettel" (um Mitglieder für die "Bewegung" zu gewinnen)
- zugespitzte Dialoge (Laurie/Mutter - Ben/Christy - David/Laurie - Ben/Robert - Mr. Owens/Ben)
- Brief der Elternschaft an Mr. Owens (behutsam anfragend - scharf attackierend)
- Meinungen, Ansichten der übrigen Lehrer (Sammeln von 'Äußerungen' aus dem Kollegium)

---

26) entnommen: R. Poppe, W. G., "Lord of the Flies", Hollfeld 1996

- "Anklagerede" eines Elternvertreters gegen Ben Ross: "Verteidigungsrede" des Schülersprechers (argumentierendes Schreiben)
- persönliche Stellungnahme Ben Ross' (offener Brief des Lehrers in der Schülerzeitung nach den Vorgängen).

Sachgebundene Verfahren / Aufgaben: [27)]

- Gleichschaltung im "Dritten Reich" (anschauliche Darstellung des "Führerprinzips")
- Zur Frage der Schuld oder Warum haben sich die Menschen nicht gewehrt (Aufführen und Erläutern von sachlichen Entlastungsgründen)

Persönliche Stellungnahmen:

- Bewertung des Experiments durch den Leser (abwägende Beurteilung)
- Sympathien und Lieblingsfigur (mit welcher der Figuren kannst du dich als Leser persönlich am ehesten identifizieren)
- Wo hättest du gestanden? (Selbstergründung)
- Was hättest du getan, um dem Experiment zum weiteren Gelingen zu verhelfen? (Strategien für eine zielbezogene Erfolgssicherung)
- "Führer" und "Gefolgsleute" (summiere die Qualitäten, die sie brauchen, um zu überzeugen; denke an Maßstäbe; überprüfe an dir bekannten Beispielen: Klassensprecher - Schülersprecher - Mannschaftsführer - Projektleiter - Jugendvertreter - Manager u. a.)

Weitere Möglichkeiten und Verfahren:

- Entwurf einer Hörspielszene (Dialoge, Geräusche, Musik)
- Das Emblem der "Welle" (künstlerische Gestaltung, wobei die drei slogans einbezogen werden sollen)
- Leitmotivische Musik (passend zu den Nahtstellen, an denen sich die Bewegung verstärkt und ausweitet - Gegenmusik)
- Identifikationstexte schreiben (Gedicht, Sprechtext), die quasi als "magische Gesänge" verwendet werden könnten.

---

27) Auf die Arbeitssituation und Aufgabenstellungen, die sich im Fach *Geschichte / Politische Bildung* ergeben könnten im Anschluß an Sach- und Quellentexte, an Exkursionen und Filmerfahrungen zum Thema "Drittes Reich", kann an dieser Stelle nicht eingegangen werden. Wo immer möglich, sollten fachübergreifende Ansätze gesucht und wahrgenommen werden.

- SCHAUBILDER -

Mit drei Schaubildern beschließen wir das Kapitel zu den produktionsorientierten Aufgabenstellungen, die sich ungezwungen aus der Lektüre des Romans herleiten ließen. Wir halten eine Menge von Strukturskizzen (nicht nur im Literaturunterricht) und wissen, daß Jugendliche sehr viel Phantasie entwickeln können, wenn es darum geht, Gedanken und sprachliches Nacheinander in einer vereinheitlichenden Modellskizze 'statisch' zu komprimieren. Heute hat der PC die Schreibtische erobert und stellt eine wesentliche Hilfe im Erstellen solcher Skizzen dar.-

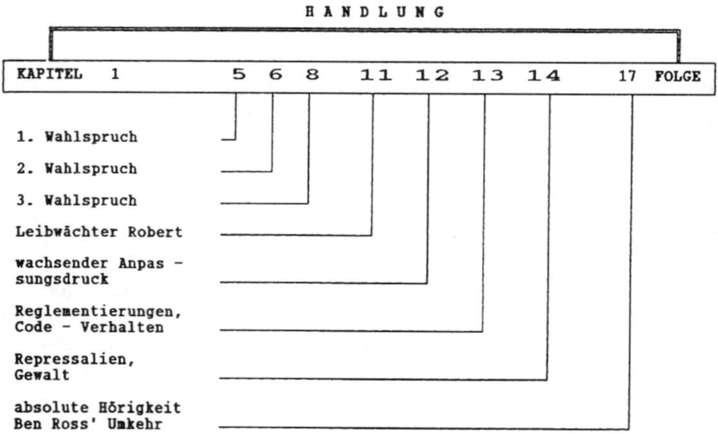

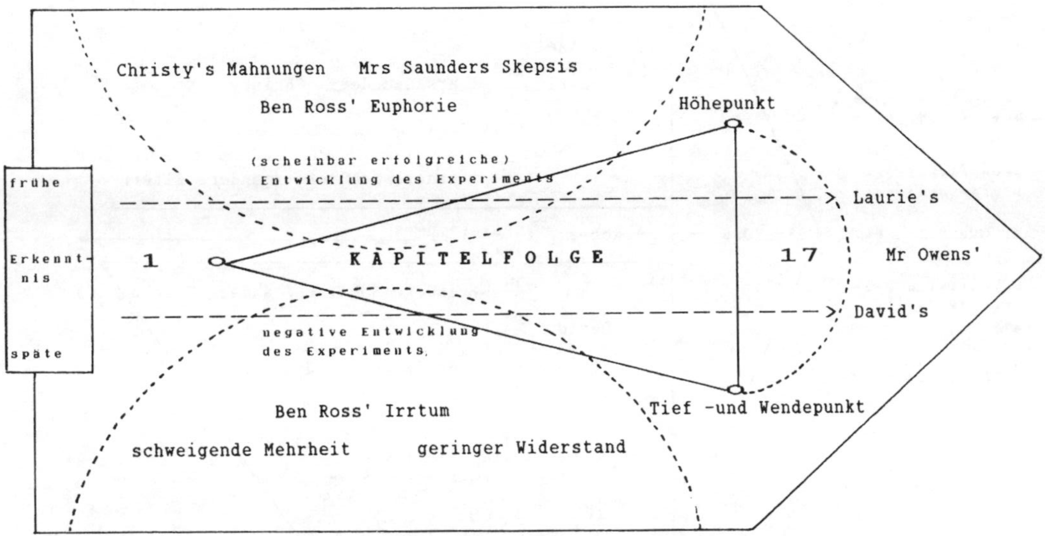
Christy's Mahnungen
Mrs Saunders Skepsis
Ben Ross' Euphorie
Höhepunkt
(scheinbar erfolgreiche)
Entwicklung des Experiments
frühe
Erkennt-
nis
späte
Laurie's
1
KAPITELFOLGE
17
Mr Owens'
David's
negative Entwicklung
des Experiments.
Ben Ross' Irrtum
Tief -und Wendepunkt
schweigende Mehrheit
geringer Widerstand

(Skizze IV, 2)

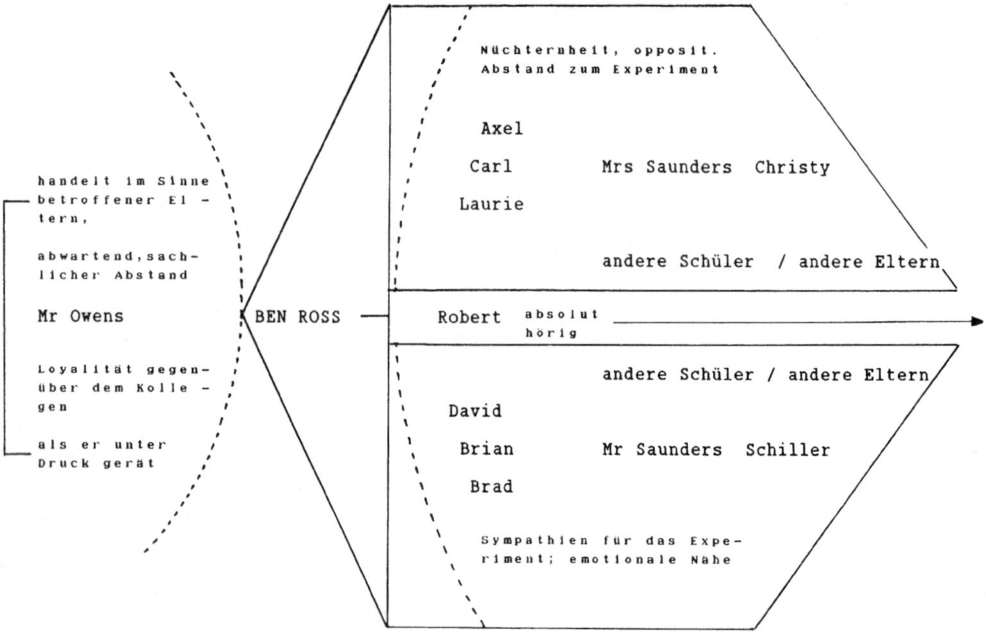

‹ Schaubild IV,3 ›

Die Strukturskizze ist ein statisches, d. h. in einem gewissen Stadium 'eingefrorenes' Bild, das - wie in den Beispielen - poetische Strukturen sichtbar machen möchte, als Ganzheiten oder auch in Ausschnitten.[28] Bedeutsam für das Arbeiten mit solchen Sklizzen ist die Möglichkeit ihrer Veränderung. Keine dieser drei Skizzen will etwas Abgeschlossenes darstellen. Jede für sich versteht sich als wandelbare, zum Spielen und Probieren auffordernde Untergrundfolie, an der sich schöpferisches Handeln entzünden soll.

< Literatur 4 >

A. C. Baumgärtner /	Wege zum Kinder- und Jugendbuch. Donauwörth 1985
O. Watzke E. Blöchl /	...sich in die Worte zu verwandeln... Therapeutische und C. Mischon (Hrsg.) pädagogische Aspekte des kreativen Schreibens. Berlin 1991
K. Bothe / G. Waldmann	Eine Einführung in kreatives Schreiben und produktives Verstehen von traditionellen und modernen, Erzählformen. Stuttgart 1992
H. Göttler	Moderne Jugendbücher in der Schule. Modelle zu einem handlungs- und produktionsorientierten Literaturunterricht. Baltmannsweiler 1993
G. Haas	Handlungs- und produktionsorientierter DU. Hannover ^{5}1990
N. Hopster (Hrsg.)	Handbuch "Deutsch" für Schule und Hochschule. Sekundarstufe I. Paderborn 1984
R. Poppe	Aufsatztraining für das 10. Schuljahr. Themen - Techniken - Beispiele - Übungen. Hollfeld ^{2}1995 (in diesem Zusammenhang besonders zu beachten S. 62 ff.)
Th. Rehork	Kreatives Schreiben. Berlin 1993

---

28) Als grundlegende Veröffentlichung zu diesem Thema zählt immer noch das Buch von M. Hussong / A. Schütt / B. Stuflesser. Textanalyse optisch, Düsseldorf 1971.

G. Rupp — Literarische Erfahrung und historisches Verstehen durch Schreiben zu und Interpretieren von Texten. In: Der Deutschunterricht. Heft 4/1993, S. 62-77 (Stuttgart)

K. Schuster — Das personal-kreative Schreiben im Deutschunterricht. Baltmannsweiler 1995

G. Waldmann — Grundzüge von Theorie und Praxis eines produktionsorientierten Literaturunterrichts. In: N. Hopster, Handbuch, S. 98-141 (s. o.)

V. ERGÄNZENDE LITERATUR

William Golding	Lord of the Flies. London 1954
George Orwell	Animal Farm. London 1945
Edgar Neis	George Orwell. Farm der Tiere.- Erläuterungen und Materialien.Hollfeld ^{7}1995
Alan Axelrod / Charles Phillips	What Every American Should Know About American History. Holbrook, MA 1992
David Hoffman (ed.)	Harvard Guide to Contemporary American Writing. Cambridge, MA 1979
Alfred Kazin	On Native Grounds: An Interpretation of Modern American Prose Literature. San Diego, CA 1983
Joel Spring	The American School, 1642-1985. New York 1986
Edwin Emery	The Press of America: an Interpretive History of the Mass Media. Englewood Cliffs, N. J. ^{5}1984
Eugene H. Goodwin	Groping for Ethics in Journalism. Ames, IA 1983
Sebastian Haffner	Anmerkungen zu Hitler. Frankfurt a. M. 1991 (217.-228.Tsd.)
Siegfried Fischer-Fabian	Die Macht des Gewissens. Von Sokrates bis Sophie Scholl. München 1987
Werner Klose	Generation im Gleichschritt. Hamburg 1964
Harald Steffahn	Die Weiße Rose - mit Selbstzeugnissen und Bilddokumenten. Hamburg 1992

AR 2 **Brecht, Bertolt:** Mutter Courage und ihre Kinder/Der kaukasische Kreidekreis
Standpunkte, Materialien und unterrichtsbezogene Auswertungen

AR 18 **Büchner, Georg:** Dantons Tod/Lenz/Woyzeck
Perspektiven, Interpretationen und unterrichtliche Erschließungshilfen

AR 53 **Camus, Albert:** Das Mißverständnis
Darstellung und Interpretationen

AR 12 **Camus, Albert:** Der Fremde / Die Pest
Darstellung und Interpretationen

AR 48 **Droste-Hülshoff, Annette von:** Die Judenbuche
Interpretationen und Hinweise

AR 67 **Dürrenmatt, Friedrich:** Der Besuch der alten Dame
Interpretationen und Materialien

AR 65 **Dürrenmatt, Friedrich:** Die Physiker
Interpretationen und unterrichtspraktische Hinweise

AR 64 **Dürrenmatt, Friedrich:** Der Richter und sein Henker
Der Kriminalroman im Unterricht

AR 16 **Dürrenmatt, Friedrich:** Der Verdacht/Der Besuch der alten Dame
Interpretationen und unterrichtspraktische Hinweise

AR 70 **Dürrenmatt, Friedrich:** Der Verdacht/Die Panne
Interpretationen und Materialien

AR 54 **Eichendorff, Joseph von:** Aus dem Leben eines Taugenichts
Interpretationen und unterrichtspraktische Vorschläge

AR 61 **Fontane, Theodor:** Effi Briest
Interpretationen und methodisch-didaktische Hinweise

AR 9 **Frisch, Max :** Andorra/Biedermann und die Brandstifter
Vorschläge und unterrichtspraktische Hinweise

AR 17 **Frisch, Max:** Homo Faber
Untersuchungen zum Roman

AR 15 **Frisch, Max:** Mein Name sei Gantenbein/Montauk/Stiller
Untersuchungen und Anmerkungen

AR 62 **Goethe, Joh. Wolfgang v.:** Die Leiden des jungen Werthers
Untersuchungen und Anregungen

AR 30 **Goethe, Joh. Wolfgang v.:** Faust I. Teil
Materialien-Wirkung-Deutungen-Reflexionen

AR 79 **Goethe, Joh. Wolfgang v.:** Götz von Berlichingen
Interpretationen und unterrichtsbezogene Hinweise

AR 77 **Goethe, Joh. Wolfgang v.:** Iphigenie auf Tauris
Erläuterungen-Didaktisch-methodische Hinweise

AR 75 **Goethe, Joh. Wolfgang v.:** Torquato Tasso
Interpretationen, Essays, Anmerkungen

AR 20 **Goethe-Plenzdorf:** Die (neuen) Leiden des jungen (W.) Werthers
Ansichten und Einsichten, Wertungen und Kommentare - Vorschläge für den Unterricht

AR 31 **Handke, Peter:** Sprachkritik und Sprachverwendung
Anmerkungen zu ausgesuchten Texten
Die Hornissen/Der Hausierer/Der Einbruch eines Holzfällers.../ Handke und die Sprechstücke: Kaspar/Die Innenwelt.../ Der Rand der Wörter Die Angst des Tormanns.../Der kurze Brief.../Wunschloses Unglück/ Die Stunde der wahren Empfindungen/Das Gewicht der Welt

AR 32 **Hauptmann, Gerhart:** Der Biberpelz/Vor Sonnenaufgang/Die Weber
Soziales Engagement und politisches Theater

AR 52 **Heine, Heinrich:** Deutschland. Ein Wintermärchen. Reisebilder
Interpretationen und didaktisch-methodische Überlegungen zur Unterrichtsgestaltung

AR 49 **Heine, Heinrich:** Lyrik
Betrachtungen und methodisch-didaktische Hinweise

AR 24 **Hesse, Hermann:** Der Steppenwolf/Siddhartha
Erläuterungen, didaktisch-methodische Hinweise

AR 57 **Hoffmann, E. T. A.:** Das Fräulein von Scuderi/Der goldene Topf
Interpretationen und unterrichtspraktische Hinweise

AR 25 **Industriereportagen in der Arbeiterliteratur**
Barthel, Grünberg, Huhn, Kisch, Lukacs, Wallraff, Werkkreis
Theoretische Positionen und Beispiele

AR 42 **Kafka, Franz:** Das Schloß/Der Prozeß/Ein Brief an Max Brod
Interpretationen und didaktische Anregungen

AR 22 **Kafka, Franz:** Das Urteil/Die Verwandlung/Ein Hungerkünstler/Vor dem Gesetz/Eine kaiserliche Botschaft/Ein Bericht für eine Akademie/ In der Strafkolonie
Interpretationen und Anregungen zur Unterrichtsgestaltung

AR 33 **Kleist, Heinrich von:** Über das Marionettentheater/Das Käthchen von Heilbronn/Das Erdbeben in Chili/Die Marquise von O
Interpretationen und methodisch-didaktische Hinweise

AR 34 **Kleist, Heinrich von:** Prinz von Homburg/Michael Kohlhaas
Interpretationen und methodisch-didaktische Hinweise

AR 29 **Klepper, Jochen:** Werke: Preußentum und Protestantismus, Lebenslauf, Tagebücher, Künstler und Theologe, Verhältnis zwischen Dichtung und Christentum, 'Der Kahn der fröhlichen Leute', 'Das Ende', 'Die Flucht der Katharina von Bora', 'Der Vater', Die Lyrik.

AR 47 **Lessing, Gotth. Ephraim:** Emilia Galotti
Interpretationen und Materialien

AR 7 **Lessing, Gotth. Ephraim:** Minna von Barnhelm
Wertungen und Rezeptionshilfen

AR 10 **Lessing, Gotth. Ephraim:** Nathan der Weise
Interpretationen und unterrichtsbezogene Hinweise

AR 37 **Mann, Heinrich:** Der Untertan/ Die Abdankung
Untersuchungen, Anmerkungen und Anregungen

AR 38 **Mann, Thomas:** Buddenbrooks
Gesellschaftliche Wirklichkeit und Weitsicht

AR 60 **Mann, Thomas:** Der kleine Herr Friedemann/Tristan
Interpretationen und unterrichtspraktische Hinweise

AR 55 **Mann, Thomas:** Tonio Kröger/Der Tod in Venedig
Interpretationen und unterrichtspraktische Hinweise

AR 72 **Orwell, George:** 1984 (Nineteen Eighty-Four)/Farm der Tiere(Animal Farm)
Zur Vision und Wirklichkeit in der literarischen Utopie

AR 20 **Plenzdorf: Siehe** Goethe-Plenzdorf

AR 56 **Saint-Exupery, Antoine de:** Der kleine Prinz
Interpretationen und unterrichtspraktische Hinweise

AR 39 **Salinger, Jerome D.:** Der Fänger im Roggen (The Catcher in the Rye)
Vergleiche, unterrichtsbezogene Erläuterungen

AR 58 **Sartre, Jean-Paul: Das dramatische Werk I:**
Die Fliegen/Bei geschlossenen Türen/Tote ohne Begräbnis/ Biographische Stationen/Philosophische Grundlagen/Theatergeschichtliche Einordnung

AR 63 **Sartre, Jean-Paul: Das dramatische Werk II:**
Die ehrbare Dirne/Die schmutzigen Hände/Der Teufel und der liebe Gott/Die Eingeschlossenen/Das Spiel ist aus/Im Räderwerk
Interpretationen und unterrichtspraktische Hinweise

AR 46 **Schiller, Friedrich:** Don Carlos
Interpretationen und Anregungen zur Unterrichtsgestaltung

AR 44 **Schiller, Friedrich:** Kabale und Liebe
Gegenstände für Rezeption und Unterricht

AR 43 **Schiller, Friedrich:** Maria Stuart/Die Schaubühne als moralische Anstalt betrachtet
Interpretationen und Anregungen zur Unterrichtsgestaltung

AR 51 **Schiller, Friedrich:** Die Räuber
Jugendprotest - politisches Lehrstück - philosophisches Welttheater

AR 5 **Schiller, Friedrich:** Wilhelm Tell
Anmerkungen für eine kritische Behandlung im Unterricht